U0153923

小國旗【第四版】大學問

Small Flag Great Knowledge

五南圖書出版公司 印行

旗誌學專家
莊銘國 編著

導讀

　　記得小學一年級的國語課文中，就有一課「看我們的國旗多麼美麗」。國旗青天白日滿地紅──「但願朝陽照我土，勿忘烈士血滿地」，此三色代表自由、平等、博愛。它用來表示建國的歷史和精神，在升降國旗會演奏「國旗歌」，用聲音來讚美國旗，稱頌國旗。中華民國的國旗歌：

　　「山川壯麗，物產豐隆，炎黃世冑，東亞稱雄。
　　毋自暴自棄，無故步自封，光我民族，促進大同。
　　創業維艱，緬懷諸先烈，守成不易，莫徒務進功。
　　同心同德，貫徹始終，青天白日滿地紅。」

　　這首歌詞涵義深遠，係戴傳賢之手筆，譜曲出自黃自，旋律婉美流暢，在旭日中冉冉升起或在夕陽下隨風飄降（外國只有國歌，很少有國旗歌的）。印象最深刻乃在與美斷交那時，人在紐約參展，聞此消息，即組團赴華盛頓駐美大使館的雙橡園參加降旗典禮，難掩落寞，一股哽咽，吾土吾民淪為國際孤兒，但願在世局蜩螗中，國旗仍能屹立不拔。而千禧年起個大早，全家參加升旗典禮，沐浴著五彩晨光，伴著新世紀曙光而升起的國旗，產生無比的雀躍。每四年奧運會，得獎牌者都會升起該國國旗，2004年臺灣選手首度在奧運會勇奪金牌，國人浸淫在未有的興奮，但在頒獎典禮中卻無法使用國旗，陳詩欣及朱木炎悲從中來，淚灑雅典。韓國媒體為此做深入報導，是有其歷史背景，遠在1936年柏

林奧運會，馬拉松金牌由韓國孫基禎獲得，無奈當年為日本殖民地，迫以日本隊參賽，淒美往事，再度重演。西洋樂壇巨星瑪丹娜，發表專輯「夢醒美國」（American Life），為表現世界大同，背景以飄揚的世界國旗，中華民國國旗出現幾秒，外交困境下，備感窩心，雋永感人。是命運的必然，還是老天的作弄呢？在臺灣這塊土地上，曾飄過荷蘭三色旗及西班牙的黃紅旗、明鄭幡幟、大清黃龍三角旗、短命臺灣民主國的青虎旗、日本的太陽旗及中華民國青天白日旗。國旗更換反應國家歷史的發展，不管熄燈號、不管起床號、無數災難、幾番風雨，在人們心目中，不要再有歷經戰亂的顛沛流離。

1982年大學入學考試中，英文作文題目〝The National Flag and I〞，希以80個字左右寫在試卷內，有一考生這樣寫著：

When I see our national flag, it makes me think of all the things stands for.（每當我看到我們的國旗，它便使我想到它所代表的一切。）

For instance, the flag is the symbol of our national's power and independence. When I see the flag blowing in the wind, I feel proud to be a citizen of R.O.C.（舉例來說，國旗是國家權力和獨立的象徵。當我看到國旗在風中飄揚，我以身為一個中華民國的國民為傲。）

I'm also proud because I know our flag stands for peace, justice and fraternity among men. All told, I love our national flag very much, and will protect it at all times.（因為我知道，我們的國旗象徵人與人之間的和平、正義和博愛，因此我也引以為傲。總之，我很愛我們的國旗，而且任何時候會保護它。）

浪跡天涯的遊子，在冬去春來的風霜雪雨、在客窗寄廬的孤寂心房，一面國旗就可以紓解異鄉的夢魘、漂泊的心靈外，國旗還會鼓舞士

氣，振奮民心。在某一時點下仰望國旗，心潮澎湃，它是責任與使命的交織，那是情感與信念的激盪：1937年中日淞滬會戰，為長遠作戰計，五十萬國軍退出上海戰場，由謝晉元團長率領八百官兵在四行倉庫留守作戰，雙方戰況激烈。上海女童軍楊惠敏在蘇州河畔見對岸日旗遍布，獨四行倉庫屋頂未豎國旗，仍冒九死一生將旗幟送入，在一片彈雨火海中、狼煙四起下，目睹巨幅國旗迎風招展，莫不喜極而泣，旗幟下站立血肉之軀，一寸山河一寸血，全國人心感佩，世界輿論交相讚賞。1945年2月，美日太平洋戰爭，有名的「浴血硫磺島」，強行登陸時，由海軍陸戰隊士兵們奮力插起一面美國國旗，穿越時空，氣壯山河，一戰功成。在美國華盛頓廣場有一座五位士兵豎旗之巨型雕刻，紀念英勇作戰的勇士們，薄薄旗幟，堅韌屏障。

同樣在馬來西亞吉隆坡的國家紀念碑，由上述同一設計師，鑄造世界最大銅雕像，來紀念獻身保家衛國的英勇烈士，高舉馬來西亞國旗，寰宇飄揚，令人肅然致敬。

美國紐約世貿大樓受911攻擊後，大街小巷一片旗海，處處可見人們驕傲地高掛美國國旗。眾所周知，美國是一民族大熔爐，不同膚色、文化、思維，在此忐忑迷惘，惴惴惶惶，如何凝聚，答案只有一個：愛國主義。政黨都是輪番上陣，唯有美利堅合眾國才是永恆，所謂「鐵打的衙門，流水的官」，由思想旗幟轉換成美利堅意識，在此休戚與共支配下，國旗是母親的照片、國旗是慈母的呼喚。美國國旗幾乎氾濫成災，甚至所有日常用品都有星條旗圖案。2002年6月30日世界足球賽之冠亞軍爭奪戰，就在日本橫濱舉行，巴西球迷在看臺上展開了巨大的巴西國旗，球迷搖旗吶喊，球員愈搏命演出，終於榮登寶座。遙想早年歲月，半夜起床觀看世界少棒、青少棒實況轉播，只見看臺旗海翻飛，熟悉而親切的國旗，多少次為它欣喜歡呼、多少次為它感動落淚。近年土耳其經濟蕭條，為通貨膨脹所苦，他們製成全長3.6公里，當年世界最長的國旗，由數千名人士高舉遊行，他們說：這面國旗有多長已不重要，重要的是人們的參與，參加這項工作意味著對祖國重要責任。無獨有偶，阿根廷陷於不景氣，也折損了幾位總統，在6月20日的國旗日，

萬民擁著6,000公尺的國旗（又是新的世界紀錄），舉行大遊行，他們深信有助於人民的團結，縈繞心懷，共度難關！

　　在國際慣例，「有國旗升起原則」──捷足先登。最有名的是1911年12月挪威人阿孟森首先抵達南極極點，即升起挪威國旗，將光熱散播在天地之間；1953年5月紐西蘭希拉利與尼泊爾嚮導，同時登上聖母峰，即放置英國（紐西蘭母國）及尼泊爾國旗，光榮和夢想與白雲交會；1969年7月太空人阿姆斯壯是人類首度登上月球者，第一件事就是插上美國國旗，昭昭日月，光耀千秋。國旗代表整個國家至高無上的成就感。相對的，當國旗被奪取或毀損，當視為天大的羞辱。在日俄戰爭的撫順戰役中，日軍的太陽旗為俄軍所俘獲，日本官兵披膽瀝血，前仆後繼，犧牲無數性命，終又奪回；清末1858年的英法聯軍，其導火線就是一艘掛著英國國旗的亞羅號（Arrow）停泊在廣州時，中國水兵登船檢查，因故拔下英國國旗，當時英國為進一步擴張在華權益，小題大作，認為國家受辱，並聯手法國（一位神父在廣西被殺），攻陷廣州，進逼北京，火燒圓明園，咸豐皇帝倉皇逃至熱河。一面國旗招展著一種象徵，一面國旗書寫著豐富內涵，在現實與歷史的悲歡離合中，時而感動、時而抑鬱、時而自豪、時而自艾。而對國家、社會有重大貢獻或犧牲，或專業領域有特殊成就，逝世後靈柩得予覆蓋國旗。在2004年12月蔣方良女士辭世，由四位大老──李煥、郝柏村、邱創煥、施啟揚在靈柩上覆蓋國旗，蔣家走進歷史；在電視上及報章上也看到美國出兵阿富汗、伊拉克，對所有陣亡者之棺木覆蓋國旗；甚至在臺灣警匪槍戰，殉職警員也蓋上國旗，備極哀榮。又降半旗係在1612年有艘「伊斯」的船航行在北太平洋之際，船長不幸過世，船員使用半旗，以茲思念與敬意，而後傳至陸上。舉世震驚的紐約911事件及南亞海嘯，全球各地均以降半旗對罹難者致哀。而教皇若望保祿二世的辭世，全世界也降半旗追思。國旗之覆、國旗之降，給予死者親屬一絲慰藉，重申體魂相連的立場。另二國以上國旗之懸掛，首重本國國格，右者為尊，中者為重之基本原則；如果有眾多國旗並列，十國以上，地主國居最右，餘由右至

左，依字母順序排列。十國以內，地主國居中，餘依字母「右左右左」順序排列。

　　現在是「地球村、國際化」的時代，如果能對各國國旗有所認知，是謂「小國旗、大學問」，將可爭取友誼，進而獲得商機。世界各國的國旗都有自己獨特的內涵及本質，作為一個國家的標誌，也代表國家的主權和尊嚴。目前世界上有197面國旗，而國旗不外由顏色和圖案組合而成，經過歸納、分析、演繹可以更清楚、更容易了解它的涵義。國旗上有五顏六色、多彩多姿。由「色彩學」看法，均可賦予更豐富的想像生命力：

　　白色—溫潤風雅的君子風度（純真、神聖、純潔、平等）
　　青色—才華橫溢的光芒智者（理智、深遠、沉著、自由）
　　黑色—沉穩尊榮的帝王氣勢（堅實、嚴肅、公正、黑暗）
　　紅色—積極熱情的風格大師（熱情、喜悅、革命、博愛）
　　綠色—沉靜典雅的大將之風（青春、安全、理想、平靜）

　　許多國旗的顏色，就有此暗喻。法國青白紅三色旗就表達此意義。它也反映自然環境，如白色會聯想到冰雪，是代表北國之地，如荷蘭、日本、韓國、以至俄羅斯、加拿大均是；藍色聯想到海洋、湖水，如英國、希臘、瑞典以此為背景色，是典型海洋國家，又南太平洋之紐西蘭、澳洲、諾魯、密克羅尼西亞，再如加勒比海之貝里斯、薩爾瓦多、聖露西亞均是；綠色會聯想到森林、農業，如巴西、尚比亞、幾內亞比索；黃色象徵礦產，如賽浦路斯的銅礦、巴西及瑞典的鐵礦、納米比亞的鑽石；黑色是黑種人的本色，如非洲的肯亞、坦尚尼亞、馬拉威、烏干達，中美的巴哈馬、安提瓜。再由對顏色的喜好與組合來看，共產國家喜用紅色（來自俄國革命的紅軍）為主色、拉丁（西班牙）語系好黃紅兩色、非洲人愛用紅黃綠（彩虹三色）、斯拉夫民族通常為白青紅三色，而歐洲人好用三色旗（源自基督教之三位一體）、阿拉伯國度偏好綠色（源自穆罕默德的綠頭巾）為背景色或黑白、紅綠雙對比色。

其次，國旗圖案上與宗教信仰息息相關，如有十字架就是泛基督教國家、有星月往往是回教國家、有法輪是印度教國家。就國家地理位置看，有南十字星是南半球國家，如紐西蘭、澳洲、巴紐、薩摩亞、巴西等，有太陽則是換日線附近國家，或亞洲國家（太陽自東邊升起），或非洲國度（終年酷熱、烈日當空）。國旗也可看出劃分之行政區，如美國星條旗（立國十三州及全國五十州）、澳洲大七角星（六州一大島）、菲律賓八道光芒三顆星（八省三大島）、前緬甸十八小星（代表十八省）、馬來西亞十四線（十三州加首都）等。有「米」字圖案均屬大英國協成員國，還有放上該國最具意義之特有動植物，或與立國、宗教相關之文字……，這些都足以顯示不同的政治、經濟、文化、宗教和民族精神。再深入了解國旗的典故，有忠愛纏綿的經世抱負、有深沉悲痛的家國之感、有曠達的逸懷浩氣，若能將這些國旗以獨特感性的詮釋，用氣韻靈動的圖片、夢迴歷史、細數前瞻、耳提面命、擎燈引路，讓初窺國旗門牆者，對浩瀚世界有所領悟！

在蒼茫旗海中，賦予動人的風采，那就是給世界各國國旗總趣味賽囉！

1. 最佳設計獎—加拿大楓葉旗

　　（醒目地表現北國之秋、滿山紅葉、人間仙境！）

2. 最單調獎—前利比亞大綠旗

　　（買塊綠布剪裁縫製就OK囉！）

3. 最複雜獎—海地槍炮旗、土庫曼地毯旗

　　（國旗上的徽章或地毯有夠複雜，小學生繪圖畫到哭！）

4. 最佳景致獎—
吉里巴斯日出旗

　　（有大海、旭日、可愛軍艦鳥，太美了！）

哈薩克烈日飛鷹旗

　　（黃青對比色，艷陽中大鵬展翅雄姿！）

5. 最具中國風獎—韓國太極旗及不丹白龍旗

（太極八卦及神龍均是中國古老產物）

6. 最佳繽紛獎—南非及南蘇丹的彩虹旗

　　（國旗上使用六個顏色，屬最多者）

7. 最佳配套獎—

　　(1) 越南及索馬利亞的星旗

　　　　（前者紅底黃星、後者藍底白星）

　　(2) 日本、孟加拉、帛琉的太陽旗

　　　　（前者白底紅日、中者綠底紅日、後者藍底黃日）

8. 最佳CIS獎—北歐長十字旗及大英國協米字旗

　　（北歐五國均長十字，只換顏色；大英國協均有米字）

9. 最佳複製獎—印尼與摩納哥、羅馬尼亞與查德

　　（前者上紅下白、後者左青中黃右紅，一模一樣）

10. 最佳魔術獎—愛爾蘭與象牙海岸、馬利與幾內亞

　　（像變魔術一樣，左右互換）

11. 最佳盜版獎—中華民國與納米比亞的白日旗

　　（青天白日變成黃天白日，也是十二道光芒）

12. 最佳搞怪獎—尼泊爾雙峰旗

　　（全世界國旗都是方形，獨尼泊爾為鋸齒狀）

13. 最佳苗條獎—卡達模特兒旗

　　（一般國旗長寬比例3：2，而卡達為28：11）

14. 最方正獎—教廷及瑞士正方旗

　　（二國國旗長寬比例均是1：1）

15. 最佳景氣燈獎—由國旗顏色與景氣燈聯想

　　(1) 紅燈（景氣過熱）：摩洛哥、中國、土耳其、突尼西亞

　　(2) 紅黃燈（景氣活絡）：西班牙、越南

　　(3) 綠燈（景氣穩定）：前利比亞、沙烏地阿拉伯、毛利塔尼亞

　　(4) 黃藍燈（景氣欠佳）：烏克蘭、帛琉、哈薩克

　　(5) 藍燈（景氣衰退）：索馬利亞、密克羅尼西亞

中外出版的世界國旗書籍不少，絕大部分就國旗本身做解說，極容易過目即忘。在大葉大學國際企業管理系開設「國際經貿研究」及觀光旅遊系開設「觀光地理」之課程首課，向學生講授「世界各國國旗」，除以各國國旗歸納分析外，加入大量與國旗相關之海外見聞圖片，漫步歷史軌跡，重拾珍貴片段。旁徵博引、娓娓道來，讓學生有淑世的情懷，有遠大的胸襟，可激發學習的興趣及求知慾，再討論國旗圖標的共同性及特異性。上課「前」極少數國旗略知一二，其餘大多一問三不知或顛三倒四；學習「後」進行有獎徵答，反應熱烈，成為「國旗達人」了。用事實證明「師者，所以傳道授業解惑也」這句韓愈的至理名言。為了「迷時我渡你，悟時你渡人」，在五南圖書出版公司副總編輯張毓芬小姐的鼓勵下，決定出書，嘉惠廣大讀者。特別感謝前政大商學院院長于卓民教授自美國寄來國旗相關圖書，也謝謝大葉大學國際企業管理系的劉時怡、張佳卉、蔡姿琳、李秀卿四位同學文稿之協助。

　　本書推出後，承「全球旗幟會館」網站www.globalflag.idv.tw版主戴宇良先生指正及建言，學習甚多，無任感禱。願共同努力，使國旗成為顯學。

　　山川擋不住物換星移，當新綠又綻上枝頭，已是幾度花開花謝，有滄桑、有名就、有蕭條、有繁榮，走過風雨、走過歲月，回顧中有淡淡感傷、緬懷中有濃濃的幽情。因為「關心」，所以「開心」；因為「關懷」，所以「開懷」。

　　一晃眼已過哀樂中年，而漸邁入老年（已屆「從心」所欲，不踰矩）。莫讓餘年空留去，當使晚霞照人間。

　　打油詩一首：「話東講西翻起一堆鈔票，說南道北揚長一竿國旗，春分夏至度過一個上年，秋分冬至求得一路從心。」

莊銘國
大葉大學榮譽教授

Contents

目錄

Contents

第一章 01 為什麼要認識國旗？

1 鈔票上有很多可愛的小朋友指著地球儀，告訴我們「孩子是國家未來的方向」，也表示未來的主人翁從小就應該要培養國際觀。談到國際觀，可說是千頭萬緒，從小小的一面國旗中，就可以輕而易舉地了解世界各國的一大契機。

2 現代人成功方程式 SMILE（微笑）＝ Speciality（專業）＋ Management（管理）＋ International（國際觀）＋ Language（語言）＋ Endeavor（全力以赴）。其中「國際觀」是五大成功要素之一，如何輕鬆看世界，趣味國際觀，來培養全球視野。

▶筆者遊歷世界百國，好像將地球儀──拼圖，圓人生的夢！

3 各國國旗代表不同的國家，要認識世界觀、國際觀，最簡單的方式，便是從國旗切入，因為每一面國旗都代表著該國的社會、歷史、文化背景，所以國旗是最好的話題。曾經赴美國底特律參加汽車零件展，身為團長，在中華民國國旗下被介紹給與會人士。

▲各國國旗代表不同的國家。（在美國底特律汽車展拍攝）

4 國旗不會像鈔票金額頗鉅，也不像郵票能不斷推陳出新，因此筆者在過去總是日積月累、陸陸續續地蒐集世界各國的國旗，每當接待外國訪客時，就可以馬上豎立起兩國的國旗，不僅可以縮小我與訪客間的距離，若對該國國旗有所了解，可當「話引」，還可以增加友誼，甚至為商機加分。國旗蘊含該國的想法與主張，深入思索，興趣油然而生。

▲筆者曾蒐集的世界各國國旗。

5 1911 年 12 月 14 日，挪威人亞孟森（Amundsen）是到達南極極點第一人，第一件事就是豎立起挪威的國旗，當作畢生的榮光！1953 年 5 月 29 日，是人類有史以來，第一次有人登上世界第一高峰——聖母峰，攻頂者希拉利是紐西蘭人，因為紐西蘭的母國是英國，所以他們立即升起當時的英國及尼泊爾國旗，並拍照留念。

▲挪威人亞孟森到南極即豎立挪威國旗。

▲首位登上聖母峰並豎立英國國旗的希拉利（Hillary）印在紐西蘭五元鈔上。（2008 年 1 月 11 日辭世，享年 88 歲。）

6 1969 年 7 月 20 日，阿姆斯壯（Neil Armstrong）成為首位登陸月球的人類，而月球上也同時飄揚起美國國旗，而國旗是他們的驕傲。他留下來的名言：「A small step for me, a giant step for mankind.」（我的一小步，人類的一大步。）

▶第一位登陸月球的阿姆斯壯豎立起美國國旗。
（參觀美國太空中心所攝）

7 八年抗戰時，謝晉元將軍領導八百壯士死守四行倉庫，其中一位叫做楊惠敏的女童軍，冒著危險送來一面青天白日滿地紅的國旗，激起將士用命的決心，不懼敵人來攻擊！其壯烈的犧牲精神，誠是驚天地而泣鬼神。

▲八百壯士也因國旗而振奮士氣。（參觀國軍英雄館所攝）

8 1947 年 10 月 20 日制定的聯合國國旗是以地球儀為主題，由北極的極點角度看下去，而兩旁的橄欖樹葉則代表著世界和平。

　　聯合國有安理會，常任有美國、法國、英國、中國、俄羅斯五國，非常任有十一國，原始會員五十一國。

▲聯合國國旗。

9 聯合國位於美國紐約的曼哈頓區，在聯合國大廈前共豎立了參與的國旗，總共一百九十三個國家。根據 1933 年蒙特維公約之「國家」定義：永久的人口，固定的土地，有效的政府，與他國交往的能力。未加入聯合國則有臺灣、梵蒂岡、巴勒斯坦、科索沃等主權國家，南蘇丹是最後一個加入國家。

▲世界共有一百九十三個國家加入聯合國。

10 南蘇丹原為蘇丹共和國的一部分，因種族、宗教、能源、政治因素，在 2011 年 7 月 9 日獨立，為聯合國最後一個加入的國家，與南非國旗並列最多顏色（六色）。

▲南蘇丹國旗──黑白紅綠青黃六色。

11 2006年6月3日蒙特內哥羅（Montenegro，中國大陸直譯黑山），脫離塞爾維亞獨立。6月30日加入聯合國，是目前為止最後第二個加入聯合國的國家。國旗採紅底金框，頂著皇冠雙頭鷹，中間有一藍天綠地、黃獅盾牌，均有其歷史典故。

▲蒙特內哥羅與阿爾巴尼亞均採雙頭鷹為國旗。

12 東帝汶在 2002 年 5 月 20 日獨立建國，黑色三角形表示要記取苦難時代、白星象徵和平、金黃箭頭象徵為獨立而戰、紅底則象徵建國烈士的鮮血，為自由的抗爭，是最後第三個加入聯合國的國家。它僅有 1.5 萬平方公里，咖啡、椰乾、紫檀木是東帝汶三寶。

▲東帝汶的國旗──黑三角代表苦難時代，白星代表和平。

13 梵蒂岡是神的國度，不需要加入「人」的組織。至今一直未加入聯合國，除了教廷外，中華民國也一直無緣加入聯合國。臺灣是真實世界國度，無法加入這虛擬的組織。

繼吉里巴斯、諾魯、東加（1999 年）、吐瓦魯（2000 年）、瑞士，東帝汶（2002 年）及蒙特內哥羅、南蘇丹加入，成為一百九十三個會員國，再加上科索沃和超然的教廷及無緣入會的中華民國（1970 年 10 月 25 日退出聯合國）及巴勒斯坦（現為觀察國），全世界有幾個國家呢？到目前為止，標準答案是一百九十七個國家。（好像很少人回答這麼準確）

◀教廷並沒有加入聯合國。（銅像是教皇若望保祿二世）

▶教廷與中華民國皆非聯合國會員。

14 除聯合國國旗外，奧運會旗也是世界性旗誌，上面繪有五個輪圈，環環相連，配置成 W 字母（World），使用紅、黑、藍、黃、綠，代表五大洲，此五色加上底色白色，也是各國國旗的主要顏色，並且環環相扣就是希望全人類伸出友誼之手，和平相處，公平競賽。

▲奧運會旗是世界旗幟。

15 在奧運會上榮獲金、銀、銅牌者，受獎時會演奏該國國歌及升起國旗，以示尊榮。

▲奧運會金、銀、銅牌獎。

Notes

A 紅色

① 世界上有各式各樣的國旗，我們應該怎麼解讀國旗呢？首先，當你看到飄揚的國旗時，第一印象會是什麼呢？

就是國旗的顏色。因為每一面國旗都有其文化歷史背景，因此，一開始不妨以顏色來區別國旗的意義。

▲古巴哈瓦納機場掛著全世界國旗。

② 首先，以紅色舉例。1917 年 10 月，俄國爆發了革命，列寧推翻沙皇，蘇俄於焉誕生，列寧當時旗幟便是紅色，沙皇則以白色為旗幟。列寧率領紅軍革命黨（Red Army）推翻沙皇率領的白軍（White Army），史稱赤俄與白俄。

▶俄國十月革命高舉紅旗。

③ 第一次世界大戰末期，俄國沙皇尼古拉二世指揮俄軍與德國會戰，俄軍死傷慘重，列寧領導農工階級掌權，沙皇被迫流亡與囚禁，最後列寧下狙殺令，並根絕沙皇血源命脈，1990 年遺骸獲尋。

▶沙皇尼古拉二世全家照（四女一男）。
（參觀雅爾達沙皇利瓦迪亞夏宮所攝）

後來紅色成了共產主義國家的象徵，以下都是有運用紅色在國旗上的國家。

中國大陸

北韓

越南

莫三比克

安哥拉

阿爾巴尼亞

▲攝於莫斯科跳蚤市場。

④ 蘇俄革命成功以後，就以紅旗代表共產主義的象徵，建立了世界上第一個社會主義國家，開創人類歷史的新紀元，成為十九世紀末、二十世紀初歷史舞臺上的巨人。而後，共產國家也大多沿用以紅色為旗幟。

⑤ 柬埔寨在 1970 年代被共產政權（赤棉）所統治，其國旗顏色就是用紅色。

赤棉政權採血腥統治，將近一百七十萬人喪生（柬埔寨全國人口八百萬），在首都金邊還有赤棉波布罪惡館做歷史見證。

▲柬埔寨在赤棉時代也用紅旗。

6 1997 年 7 月 1 日香港回歸中國大陸，而香港原來的旗幟也改為共產主義的顏色。香港回歸是英國政府將鴉片戰爭後所割讓及租借地交還中國政府，實施一國兩制，成立特別行政區。（旗上的花是紫荊花，1965 年被選為香港市花，代表繁榮、壯觀、奮進。）

▲香港回歸大陸後也改用紅旗。

7 北非摩洛哥國旗下垂時，遠遠看過去雖然背景以紅色為主，但是此面國旗並不是代表著共產主義的象徵，極易混淆。

▶北非摩洛哥的國旗是例外。

8 北非摩洛哥的國旗以紅色為底色中間有一個綠色的五角星，代表的意義是「回教蘇利曼之星」。蘇利曼之星是來自鄂圖曼帝國第十代皇帝蘇利曼（Soloman），它可庇佑國泰民安，驅邪避凶。（蘇利曼 26 歲即位，統治歐亞非二十多種族達半世紀，曾包圍歐洲維也納，版圖擴及北非阿爾及利亞，被視為回教世界的一代明君。）

原本摩洛哥國旗只有紅色單一顏色，後來為與共產主義紅色區分，才加上綠星。

▲這是摩洛哥的國旗，綠星是回教的象徵。

9 土耳其及突尼西亞國旗也是例外，雖以紅色為背景，但是它並不是共產主義國家。在基督教中，紅色代表耶穌流下的血，含有殉教、博愛之意。法國大革命後，紅色又有激進、熱血、革命的意味。

▲土耳其國旗（紅色是革命）。

⑩ 突尼西亞在非洲最北端,與地中海接鄰,非常接近義大利的西西里島,以前深受土耳其鄂圖曼帝國影響,所以國旗與土耳其類似,也是以紅色為底色。(總統阿里長期執政二十七年於 2011 年 1 月 14 日因政變下臺。)

▲突尼西亞也以紅色為底色。(於 2010 年上海世博會之突尼西亞館內拍攝。)

⑪ 瑞士不是共產主義國家,他們沿用的是神聖羅馬帝國時代的旗幟。紅色為底,象徵基督在一片紅光中降臨,與人民站在一起,彰顯基督教精神的紅底白十字旗。(與教廷同,國旗長寬比是 1:1。)

▶瑞士國旗。(紅色是基督耶穌的血)

B 藍色

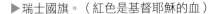

⑫ 島嶼四面環繞藍色海洋,而國旗顏色有藍色,代表其國家是環海島國,尤以南太平洋及加勒比海國家為其代表。其實歐洲的英國、希臘、瑞典也是以藍青色為背景,是典型海洋國家。非洲臨大西洋的維德角、赤道幾內亞;臨印度洋的塞席爾、模里西斯也都有藍色。

▲南太平洋及加勒比海國家常用藍色代表島嶼國家(在澳洲大堡礁附近拍攝)。

⑬ 南太平洋諾魯就是以藍色為背景，描繪出諾魯是環海島國。面積僅二十一平方公里，是世界最小的島國。橫穿國旗的黃線代表赤道，也接近換日線，在地圖上很快就可找到位置，也被稱為「南太平洋上的一顆大頭釘」。

▲南太平洋的諾魯（最小島國，面積二十一平方公里，也是世界第三小國）。

⑭ 密克羅尼西亞的國旗同樣以藍底代表浩瀚蔚藍的北太平洋，中間四顆星代表南十字星與十字架，屬基督教國家。四顆星也是波納佩、科斯雷、雅浦及特魯克四大群島。在希臘文，「密克羅」是「小」，「尼西亞」是「島」，面積僅有七百平方公里。

▲南太平洋的密克羅尼西亞國旗。

⑮ 紐西蘭國旗使用了一大片藍色作為背景，表示四面環海的南太平洋地理位置。海岸線長六千九百公里，屬海洋性氣候。它的處境在天涯海角，被稱「世界邊緣的國家」。

▲南太平洋的紐西蘭國旗。

⑯ 加勒比海的貝里斯國旗為藍底，象徵貝里斯被包圍在遼闊的藍天和浩瀚的海洋中。貝里斯的海底世界很有名，南北長三百公里，

▶貝里斯的橋可由橫式轉成直式，便於船通過。

僅次於澳洲的大堡礁。此外，亦可參觀古印地安馬雅文化（在中美洲有馬雅文化、墨西哥有阿茲特克文化，在祕魯有印加文化）。

▶貝里斯馬雅文化古蹟入口。

17 貝里斯的藍底代表湛藍的加勒比海（徽章上的兩人是代表捕漁業及伐木業），外圍有綠色橄欖枝，象徵和平及森林資源。上下邊為紅色窄條，象徵勝利及陽光。

▲貝里斯的國旗。

18 藍色恰似薩爾瓦多上空的藍天和西岸的太平洋。我們曾經旅遊至薩爾瓦多，前往拜會大使館，手持薩國國旗與侯平福大使合影留念。以前連戰先生亦在此當過大使。薩爾瓦多 El Salvador 在西文就是「救世主」，在 1970 年與宏都拉斯足球賽引起糾紛，居然導致兩國開戰，稱之為「足球戰爭」。

▲中南美洲的薩爾瓦多國旗。

19 美洲的聖露西亞藍色背景代表對國家的忠貞，也反映出蔚藍的加勒比海。三角形圖案是有名的雙火山，黑白兩色代表黑人及白人和睦相處，這面國旗使用顏色都採用「對比色」（黑白配／黃青配），十分醒目。

▲聖露西亞國旗。

C 綠色

20 綠色一直是伊斯蘭教神聖的顏色，一個國旗如果綠色背景占大多數，表示為回教國家，而巴基斯坦就是典型的回教國家，也象徵和平與繁榮。靠近旗桿處有四分之一是白色，代表非回教徒（大部分是印度教，白色是印度教象徵）。

▲綠色代表回教國家（圖為巴基斯坦國旗）。

21 孟加拉是世界人口密度最高的國家，其次為臺灣、南韓、荷蘭、日本、比利時、盧安達、印度、黎巴嫩、斯里蘭卡等 Top10。孟加拉人大部分信仰伊斯蘭教，任何城鎮中均有清真寺。

初到孟加拉，感覺最新鮮的是在大街上行駛的花花綠綠人力車。單單首都卡達就有六十萬輛以上，大量人力車在車流中鑽來鑽去，蔚為壯觀，又被稱為「三輪車」之都。

▲孟加拉國旗。

▲孟加拉人力車。

22 現在稱的印度、巴基斯坦及孟加拉，以前都是英屬的大印度，印度主要信仰印度教，而巴、孟信仰回教。第二次大戰後，印度獨立，因信仰關係，巴基斯坦分裂出來建國，國土在印度東西兩方，距離遙遠，語言不通，大權又在西巴，只有相同宗教，所以 1972 年東巴基斯坦獨立為「孟加拉」，原來西巴基斯坦就叫「巴基斯坦」。

◀巴基斯坦是回教國家，所以國旗是綠底。
（攝於巴基斯坦世界遺產拉合爾古堡前）

23 沙烏地阿拉伯國旗以綠色為底，綠色是回教世界最尊崇的色彩。由於幅員廣大，國家富裕，又是穆罕默德誕生地麥加所在，是全世界穆斯林禮拜的方向和朝覲中心，而第二聖城麥地那（即先知之城）是穆罕默德陵墓所在。沙烏地阿拉伯又稱為伊斯蘭世界的巨頭。

沙烏地阿拉伯並不開放觀光簽證，女生必須已婚，四十歲以上，丈夫陪同，始得前往。

2015年1月24日高齡90的沙烏地阿拉伯阿布杜拉國王(Abdullah)崩殂，由79歲同父異母兄弟沙爾曼(Salman)繼任，該國傳統王位是「兄終弟及」。

◀這是回教發源地沙烏地阿拉伯的國旗。

▶筆者曾赴沙烏地阿拉伯。

24 清一色的全綠旗，顯示利比亞是個回教國家，綠色被回教徒視為神聖的顏色。

原來利比亞與埃及使用相同國旗，後以埃握手言和，利比亞最高領袖格達費(Qadhafi)改為全綠旗代之。

▲全綠旗的前利比亞。

25 第七世紀時，阿拉伯人進入茅利塔尼亞，並建立伊斯蘭王國，所以綠色表示受其影響。綠色也代表大地與繁榮。（星月亦是回教象徵）

▶北非的茅利塔尼亞亦是。

26 奈及利亞原有燦爛的本土諾克文明，後來被伊斯蘭文化取代。

▶西非的奈及利亞國旗。

27 回教聖地──麥加，為穆罕默德出生地，也成為信徒朝聖時重要的精神指標，一天做五次（清晨、中午、下午、黃昏、晚上）朝麥加方向祈禱。有時到了祈禱時間，可以在大馬路上看到所有回教徒集體往麥加方向朝拜，成為一幅壯觀的畫面。死後墓碑也要朝麥加方向，不像我們要看風水方位，除死刑犯及重大疾病外，一律土葬，歸於塵土，而且要速葬、薄葬。

國旗小常識
回教國家綠旗的典故

　　多沙漠的中東地區特別珍惜綠洲，因而喜歡在國旗上面用綠色。其實是因為綠色對回教徒而言是非常神聖的，當年回教教主穆罕默德在征戰及傳教時都高舉綠旗並戴綠色頭巾，故在中東、非洲、東亞、南亞等許多回教國家，在國旗上或多或少都會使用綠色。（伊斯蘭教是世界三大宗教之一，我們常稱其為回教，這名稱因之前在中國，信仰者大多為回人，以為這是回人的宗教，所以稱之為「回教」。）

每天拂曉、正午、日落前、日落後及夜晚，須向麥加方向淨身禱告。星期五要到清真寺做禮拜。（有趣的是，廁所絕不可朝向麥加方向。）

▲回教教規規定，須日日誦讀可蘭經。（於伊朗希拉茲（SHIRAZ）清真寺拍攝）

▲每天須向麥加方向祈禱五次（回教除宗教信仰，亦是法規與制度，有助團結。）

28 回曆跟陽曆不一樣，每年少十一天，類似我國農曆，但沒有閏月。每逢回曆九月為齋戒月（Ramadan），有時遇上酷暑，有時碰上嚴寒，日出到日落，不可以進行任何飲食、喝水，教規非常嚴格。（起源一次聖戰，戰情激烈。白天作戰無法進食，至夜間鳴鼓收兵始得吃飯。如此延續一個月，為紀念此重要戰役而該月白天不食。）

▲回曆九月須齋戒（華燈初上才可進食）。

▲一生至少到麥加朝聖一次。（背後地氈就是麥加聖殿）

29 在身體及經濟許可之下，回教徒一生至少要到麥加朝聖一次。因為他們以能到麥加朝聖為一生榮耀。聖城麥加每年接待世界各地的朝觀者，約二百萬人以上。

30 回教徒必須戒酒、戒色，教規甚嚴。在可蘭經上明確規定，人們可享用一切美食佳餚，但禁吃汙穢之物，如豬肉屬之。而飲酒、賭博、拜偶像是穢行，為非法行徑。

▶回教須戒酒、戒色。

31 在回教興起之際，由於戰火連連，很多戰士戰亡，遺留甚多孤兒寡婦，且適婚男女比例懸殊，所以穆罕默德採行社會性補救措施，容許一夫配四妻，但必須公平善待。（現在很多回教國家已改為一夫一妻制）。

◀在中東葉門古城馬利波（MARIB）巧見一富商有四位妻子（均蒙面露兩眼）及九位子女之全家福。

▲亞馬遜叢林流域面積世界第一。

32 是不是只要國旗有綠底就是回教國家呢？當然不是囉！綠色也代表森林及農業，比如巴西有世界最大的亞馬遜叢林，因此，巴西國旗中的綠旗象徵的是茂密的森林資源。

亞馬遜叢林是全球最大的熱帶雨林，又稱世界之肺，河長六四四○公里，僅次於尼羅河，但支流數千條，所以流域面積是舉世第一，大樹遮天蔽地，根莖深及地底，物種之多，天下無雙。但現在雨林在逐漸減少中，影響是

全球性，如空氣汙染、土地沙漠化、地球溫室效應……。

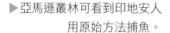
▶亞馬遜叢林可看到印地安人用原始方法捕魚。

33 另外，非洲尚比亞國旗是綠色底，象徵豐富的自然草原。所以大家要注意，並不是所有綠色都表示回教國家。

2003 年 8 月，我們到了尚比亞，乘坐熱氣球鳥瞰壯闊的大草原，所謂「天蒼蒼，野茫茫，風吹草低見牛羊」啊！不是牛羊，而是飛禽走獸。

馬拉威位於非洲東南方，是世界倒數十名內的窮國，國旗上的黑色源自黑人人種，紅色表示獨立的奮鬥，綠色是代表以農立國，農業以菸草、茶葉和甘蔗為主。此外，境內有馬拉威湖（非洲第三大湖）。因是內陸國，成為漁獲主要來源。

綠色就是代表農業，特別是菸草提供三分之二的出口收入。

▲非洲尚比亞。

▲在尚比亞廣闊的草原用餐。

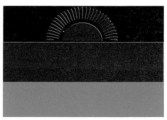
▲馬拉威國旗。

◀馬拉威菸草田。

D 雙對比色（黑白、紅綠）

　　中東回教國家常使用強烈的雙對比色（黑白配、紅配綠），紅、綠、白、黑是伊斯蘭教的傳統顏色，雙對比色一定是回教國家。很有趣的，中東國家的國旗很少有青色或黃色。中東地理位置重要，有所謂「一河、二教、三洲、四峽、五海」之說。

　　一河──蘇伊士運河。

　　二教──回教、猶太教。

　　三洲──亞、歐、非洲。

　　四峽──博斯普魯斯、達達尼亞、荷莫茲、曼達布海峽。

　　五海──黑海、裡海、阿拉伯海、紅海、地中海。

2011.8.22 利比亞新國旗

敘利亞

伊朗（部分）

阿拉伯聯合大公國

科威特

伊拉克

蘇丹

約旦

巴勒斯坦

34 阿拉伯聯合大公國（United Arab Emirates），縮寫為 UAE，是由七個酋長部落組成，其中阿布達比領地最大，也是首都。而杜拜是最繁榮的商業都市，有如華盛頓與紐約之比喻，國旗採用黑白、紅綠雙對比色，富濃厚的阿拉伯色調。

▲ 阿聯國旗採行一直三橫長方形，黑白及紅綠雙對比色，是典型的阿拉伯色彩。

35 談到阿拉伯聯合大公國，浮上腦際的就是杜拜（Dubai），緊跟著就是全世界最奢華的飯店 BURJ AL ARAB。外觀像一張漲滿了風的帆，高三百二十一公尺，也是全世界最高的飯店，內裝柔和現代及古典，金碧輝煌，頂樓的法式餐廳、底層的海洋餐廳是口福、眼福的極致，可鳥瞰棕櫚人工島及世界島。

▲ 帆船飯店是杜拜的地標，設備實在太過高級，遠超過國際五星的水準，破例稱它為世界唯一的七星級。

36 杜拜地區是一片沙漠，盛產石油，利用油原，使杜拜成為轉運中心、金融中心、貿易中心、旅遊中心，有「中東香港」、「萬商之都」之稱。領導人以「願景管理」卓著，使「杜拜學」成為現代之顯學。

▲ 杜拜大樓林立於沙漠之中，不再是海市蜃樓，高聳的「哈里發塔」高 800 公尺，於 2008 年 11 月完工，遠超過臺北 101 大樓 508 公尺，為世界第一高樓。

37 阿拉伯聯合大公國的首都是阿布達比（ABU DHABI），為阿聯面積最大、石油蘊藏最豐厚，亦為政治中心、工商重鎮，值得一提。此地有一酋長皇宮飯店（Emirates Palace），造價三十億美元（相當半條臺灣高

鐵），單單飾金達二十二噸，世界造價最高飯店，精雕細琢，令人嘖嘖稱奇。

◀酋長皇宮飯店，占地 66 公頃，寬度有 1.5 公里，是筆者遊歷近百國，住過最大的飯店。

38 阿拉伯聯合大公國由七個酋長國組成。酋長是世襲的，且有自己的行政權。而大公國的總統由阿布達比酋長擔任，副總統由杜拜酋長出任，中央控制國防與外交，為相當特殊的政治組織。

▲照片四人中，右二為阿聯總統，亦是阿布達比酋長；右一為王儲，是酋長之弟；左二是阿聯副總統，亦是杜拜酋長；左一是王儲，是酋長大哥之子，其繼承是「兄終弟及」制。

39 約旦國旗採用回教固有之雙對比色——紅配綠及黑白配，白色的七角星代表可蘭經第一章的第七節——「阿拉」是唯一真神。筆者背後是前任胡笙國王（曾造訪臺灣），現任阿杜拉國王（右邊）。

▲手持約旦國旗於前任及現任國王照片前。

40 古代的七大奇蹟除埃及金字塔外，已不存在。現再選出世界新七大奇蹟，約旦佩特拉古城名列榜上，值得一行。此外，印度泰姬陵、巴西里約基督像、祕魯馬丘比丘遺址、義大利羅馬鬥獸場及墨西哥馬雅金字塔等皆是。

◀攝於世界奇景——約旦佩特拉古城。

41 地球表面最低點是死海，位在以色列及約旦之間谷地，但最深處四百公尺，位在約旦，鹽度 30%，水的比重超過人的比重，遊客悠閒仰臥海面上，可治療關節炎，其黑泥有美容療效，為寶貴之外銷產品。

▲筆者躺在約旦死海上悠遊。

42 約旦國旗紅色三角形之白星去掉，就是巴勒斯坦的旗誌了。因歷史的複雜及糾葛，使得猶太人和阿拉伯的巴勒斯坦人皆認為以色列是他們固有領土，不惜動用武力，衝突不斷。照片左側人頭是過去領導人—阿拉法特、右側是目前之領導人。

◀約旦國旗少了白星，就成為巴勒斯坦旗誌。

43 科威特國旗顏色亦採行黑白、紅綠搶眼的對比色，是阿拉伯本色。而前述阿聯垂直部分是長方形，科威特是梯形，蘇丹是三角形，約旦是三角形內加一個七角星。如此比較容易辨識。又科威特首都也叫科威特（Kuwait）。

▲筆者著阿拉伯傳統服裝，持科威特國旗在當地沙漠之夜晚會上，沙漠氣候日夜溫差極大。

44 科威特人民得天獨厚，雖為蕞爾小國，拜石油之賜，除享有高國民所得外，政府提供免費就學、就醫、低廉的房貸、水電、瓦斯及超優福利措施，但也因此養成養尊處優之隨性，引進大量外籍勞工，比例高居人口中的 65%，大都來自印度、埃及、孟加拉、約旦。

◀在科威特沙漠驅車，巧遇三兄妹，略談科威特的人民及福利，並攝影留念。

▲此為科威特光復十週年紀念幣（科幣是世界面值最大者，與臺幣比約 1：120），圖中軍人揮舞著國旗，象徵國家逃離戰亂，邁向和平。

45 由於伊拉克與科威特為領土及油田之爭，伊拉克於 1991 年 8 月 2 日排山倒海入侵科威特而遭聯合國決議制裁。聯軍展開毀滅性「沙漠風暴」戰爭，驅逐境內伊拉克部隊，恢復科威特政權。

▲科威特的海水淡化廠。

46 科威特地處沙漠地帶，年度雨量稀薄，水源有限，海水淡化為唯一可大量供應工業及民生用水的水源。海水淡化的優點是海水取之不盡、用之不竭，不受乾旱氣候影響，對環境衝擊最小，但缺點是造價高。為儲存淡化後的水，建立許多大水塔，構成獨特都市景觀。

▲一艘油輪正準備運油出航。

47 科威特石油儲量豐富，占全世界原油總儲量的 10%，石油是財政收入的主要來源及國民經濟的支柱，占出口外匯的 95%。科威特的布林甘油田，是世界最大的砂岩油田。

48 回教國家大部分都在沙漠地區，筆者曾經到回教國家經商、旅遊，滾滾黃沙、景色單調，了無生氣。他們就偏好搶眼的顏色，那就是對比色（黑白配、紅配綠、狗臭屁），就好像北歐人、加拿大人，位處北方，冰天雪地，所以房子用暖色（紅、橘），地中海國家長年紅日，所以房子用冷色（青、白），道理是一樣的。

▲中東回教國家大都是沙漠。

▲回教世界。

49 白俄羅斯及葡萄牙是單對比色──紅配綠，又稱郵筒旗。

白俄羅斯國旗中，綠色占三分之一，其國土 33% 覆蓋著森林。紅色占三分之二，在兩次世界大戰中受到德國無情炮火的摧殘，近代又有車諾比核能外洩毒害，為一部血淚史。

▲葡萄牙國旗。

◀白俄羅斯國旗（攝於白俄羅斯明斯克近郊戰爭紀念碑）。

50 烏克蘭及帛琉也是單對比色——黃配青，十分醒目。

烏克蘭國旗上半部是青色，代表蔚藍的天空及聶伯河；下半部是黃色，有肥沃的黑土，秋收時分，一片黃金色的麥田、葵花、甜菜，又稱「歐洲穀倉」。

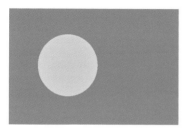

◀帛琉國旗。

▶烏克蘭國旗（攝於烏克蘭基輔聖母昇天教堂前）。

E 黃紅色

51 鬥牛是西班牙的國技，展現拉丁人的力、膽、美結合，除了人牛對陣的刺激，此起彼落的紅（黃）布，讓人們情緒 High 到最高點。此野蠻喋血遊戲受到愈來愈多有識之士反對，每年鬥牛期間都有人遊行示威，譴責這種「血淋淋」的行為。因此，鬥牛表演在西班牙漸漸失去往日風光，出現日薄西山之景。2010 年 7 月 29 日，西班牙的一省——加泰羅尼亞，地方議會投票決定修改動物保護法令，從 2012 年 1 月 1 日起禁止鬥牛。使該省成為西班牙第一個禁止這項傳統活動的省分。在此之前，西班牙的加那利群島於 1991 年宣布鬥牛賽為非法活動。

◀拉丁的西班牙鬥牛布，常使用艷麗的黃色。

▶更多使用的是搶眼的紅色。

52 黃、紅兩色是非常醒目鮮豔的顏色,類似交通標誌顏色,有警告注意、熱情奔放的感覺,是拉丁民族的代表色,同時也是當年對抗來自北非的回教徒,不惜犧牲生命(紅色)保衛國土(黃色)。因此紅、黃醒目色是西班牙的主色,而西班牙曾殖民的南美洲國家,也有不少使用這二種顏色。

▲紅黃醒目色是西班牙國旗的主色,又稱「血與金」。

53 哥倫比亞原本為西班牙屬地,也採黃、紅二色,黃色象徵過去的大哥倫比亞共和國,藍色代表大西洋與母國遙遙相望,紅色凝聚著愛國者爭取獨立自由的勇氣。哥倫比亞以咖啡聞名,面對加勒比海及太平洋,為南美洲的入口處。

世界咖啡產量以巴西第一,越南居次,哥倫比亞季軍,印尼第四。

哥倫比亞咖啡經煎培後,會釋放甘甜香味,常用於高級混合品咖啡中,由於質優味美,享譽全球。

▲拉丁美洲的哥倫比亞也是用黃、紅兩色,隔著青色的大西洋與母國相對。

◀哥倫比亞是有名的咖啡生產國。

54 委內瑞拉自西班牙獨立。黃、藍、紅代表過去大哥倫比亞（Greater Colombia）聯邦旗的顏色，黃、紅源自西班牙。七顆白色五角星象徵 1811 年支持獨立的七個省，國旗左上角有一枚國徽（在 2006 年後是八顆星，左上徽章的馬首是向左的）。

▲委內瑞拉也是用黃、紅兩色。

55 厄瓜多基本上與過去大哥倫比亞聯邦的邦旗相似，中間有一枚國徽，黃、紅亦源自西班牙母國。

其徽章頗複雜，有美洲鷲及小太陽代表獨立，有麥束及斧頭代表制度，有一艘船象徵商業，還出現該國最高山峰。

▲厄瓜多國旗。

F 一般三色

歐洲有很多三色旗存在，因為歐洲幾乎都是基督教文化，強調三色是三位一體：聖父（耶和華）、聖靈（看不到的靈氣）、聖子（耶穌）。

三色旗源自歐洲國家基督教三位一體。

比利時

捷克

保加利亞

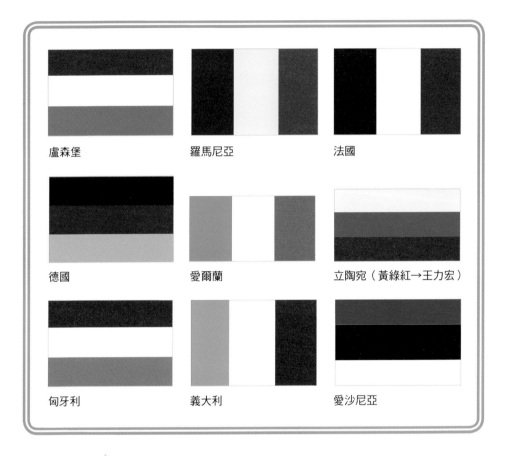

盧森堡　　　　羅馬尼亞　　　　法國

德國　　　　　愛爾蘭　　　　　立陶宛（黃綠紅→王力宏）

匈牙利　　　　義大利　　　　　愛沙尼亞

56 世界上最早的三色旗使用紀錄起源於荷蘭，十七世紀是荷蘭最鼎盛的時期，極力拓展海外貿易及船隊，為黃金時期。最早荷蘭國旗是橘白青，但橘色遠眺極不明顯，而改紅白青三色，十分醒目，航海極易辨識。紅色代表人民的勇氣，白色代表上帝的祝福，藍色則代表永遠不會改變的忠誠。

▲最早使用三色旗是荷蘭的紅白青三色旗。

在心理學上，紅色使人感覺火熱，青藍色令人清涼，兩個極端顏色硬碰在一起（如海地圖旗），極端不協調，所以在設計上，青紅之間加上白色的調和色，就賞心悅目，受人歡迎。

57 所謂「青出於藍」，把荷蘭的青色改為藍色，又成另一國家國旗——盧森堡。

盧森堡有「千堡之國」之稱，大公的徽章是「藍天白雲下有一紅色獅子」而轉變成「紅白藍」國旗，是一小國，但國民所得甚高，鋼鐵、金融、傳播是經濟三大支柱。

▲千堡之國——盧森堡國旗。

▲三色旗代表平等、自由、博愛。

58 到了十八世紀，法國成為當時的世紀霸主，把荷蘭的橫條旗改成直條旗，就是法國的國旗（紅青是巴黎代表色，白色是波旁王朝）。

到了路易十六，當時經濟急速惡化，1789 年法國大革命，在羅浮宮有一幅很有名的畫——自由女神高舉三色旗，就是法國大革命的標誌，代表自由——青、平等——白、博愛——紅（別解：藍酒、白沙灘、紅玫瑰構成浪漫氣息），將顏色賦予生命。路易十四是法國的全盛時期，拿破崙的軍功輝煌一時，使法國有如世界中心，所以有人說十八世紀是法國世紀。迄今法國是外國觀光客最多的國家。

▲法國改成垂直的三色旗（攝自巴黎羅浮宮）。

59 拿破崙是浪漫時代的英雄神話,將青白紅三色旗化成「自由、平等、博愛」的口號,使法國大革命混亂局面平添希望,擁戴者不僅法國,也遍及歐洲各國。

▲隨著拿破崙的崛起,三色旗傳遍全歐洲。

隨著拿破崙東征西討、北伐南征,把三色旗傳遍歐洲,所以歐洲幾乎都是三色旗。而經典的青白紅三色組合也廣為多國使用它蘊藏著立國理念,一種高度的民主理想。如中華民國、美國、英國、巴拿馬、智利、寮國、尼泊爾、泰國、挪威、俄羅斯、荷蘭、冰島、賴比瑞亞、古巴、塞爾維亞、捷克、斯洛伐克等。

60 1769 年拿破崙運用大砲隊越過阿爾卑斯山,進占義大利。是歷史上越過天險阿爾卑斯山的第二人,令人嘖嘖稱奇!但第一位是誰?

三世紀前,腓尼基人在現代的突尼西尼出發,由一代名將漢尼拔用非洲大象部隊,迂迴西班牙,越過天險阿爾卑斯山,進軍羅馬,勢如破竹,是有名的「側擊戰」,有別於「大軍會戰」及「游擊戰」。

◀拿破崙攻占義大利。

▶腓尼基名將漢尼拔(攝自突尼西亞歷史博物館)。

61 拿破崙在義大利看到廣闊的波河平原,就把青色改為綠色,賞賜給義大利當作國旗,所以綠、白、紅就成為義大利國旗。綠色代表波河平原,白色代表阿爾卑斯山的白雪,紅色代表鮮血。

相傳十九世紀威尼斯王妃瑪格利特想品嚐平民的披薩,師傅為表敬意,把羅勒、起司、番茄呈現綠白紅義大利國旗概念之創作,命名「瑪格利特披

「薩」，日後成為一道佳餚，到義大利記得品嚐哦！

在義大利古蹟、夜色、咖啡，彷彿「羅馬假期」電影情節再現。義大利菜也很有名，雞胸佐義大利綠醬、明蝦搭白色奶油醬、豬排配紅色番茄醬，三種醬料顏色就是義大利三色，「好康道相報」！

◀把青色改為綠色國旗（綠色代表波河平原）。

▶威尼斯皇宮前的義大利國旗──綠白紅。

▶夜晚的義大利很浪漫（羅馬萬神廟前）。

▲義大利國旗改為水平，就成為匈牙利國旗。

62 把義大利國旗改為水平，就是匈牙利國旗。紅色象徵革命熱誠與愛國心，白色象徵和平與純潔，綠色象徵希望和發展。匈牙利是保留東方文化痕跡的一個獨具特色的歐洲民族，如姓氏排列、祭祀習俗及民歌旋律等。

63 國旗的綠色也代表匈牙利平原的農業，紅椒是匈牙利盛產的作物之一，占全世界產量 40% 以上；而另一作物大蒜，主要銷往歐洲。匈牙利的農業已經現代化，是歐洲少數糧食能自給自足的國家。

▶匈牙利出產大蒜、紅椒。

64 匈牙利地形以匈牙利平原為主，國旗的白色是歐洲最美麗的河流——多瑙河貫穿其中。此外，由於布達佩斯是多瑙河流域最大城市，風景優美，故被喻為「多瑙河的明珠」。其中，多瑙河岸邊有一座舉世聞名的國會大廈，是匈牙利的象徵。

▲提起匈牙利，就會讓人聯想到藍色的多瑙河。

65 拿破崙戰敗後，日耳曼的統一意識開始高漲，普魯士的義勇軍成員穿著黑色披風、戴著紅色肩章以及金黃色衣鈕和飾品的制服。又義勇軍進行曲有一段：「黑色象徵悲憫被壓迫的人們，紅色是爭取自由的心情，金色是理想與真理光輝。」

又德國的前身是神聖羅馬帝國，它是用黃地黑鷹為標誌，而鷹爪及鷹嘴是紅色的，如此構成德意志民族黑、紅、金三個基色。

▲日耳曼義勇軍的服裝（黑色制服、紅色披肩、金色飾物）。

66 德國國旗是由黑色、紅色、金色所組成，成為國家統一運動的象徵色彩，也製成了旗幟，進而成為國旗。德國經數百年分裂，在普魯士主導，最後終於建國。1871 年 1 月普法戰役後，在法國凡爾賽宮登基德皇威廉一世，最大功臣為俾斯麥首相。在納粹時代雖然不用此旗，但是德意志聯

邦共和國成立後，又恢復了原來的國旗。

▶伸斯麥統一德國後，就用義勇軍黑、紅、金當做國旗。

67 希特勒時代，德國改用萬字旗，又稱「帶鉤十字」（Hakenkreuz），德國「納粹黨」其德文意思「國家社會黨」，德文的「國家」與「社會」字首皆是 S，二字首交錯，就成「帶鉤十字」形狀。自認天之驕子，與猶太人——上帝選民對上，所以在第二次世界大戰，在波蘭集中營，德國納粹（Nazi）殺了好幾百萬猶太人。

▲希特勒一度將德國國旗改成「萬」字旗（攝於烏克蘭基輔二戰博物館）。

68 二次大戰結束後，德國西半部由法、英、美占領，東半部由蘇聯占領。1949 年 10 月 7 日，蘇聯扶植成立德意志民主共和國，簡稱 GDR。西德使用原來的國旗，而東德把國徽加入國旗中，國徽中央是鐵鎚及圓規，代表勞工與科學家，外圍的麥穗代表農民。

▲二次大戰後，東德加上麥穗、圓規的徽章以示區別。

69 1990 年 10 月 3 日德國統一，國旗為三色旗，東德國旗走入歷史。對這三顏色，他們註解黑色代表德國人的勤勉奮發，紅色是國民的熱情，金色是重視榮譽。有人比喻「日本是亞洲的德國，臺灣是亞洲的義大利」。日本人為公忘私，同心協力；臺灣人各自為政，小聰明多。

▶兩德統一，又用回原來的旗子。此門叫布蘭登堡門（Brandenburg gate），因柏林圍牆而有名，見證東西德分裂、統一。

70 比利時曾受法國、奧地利、荷蘭統治，所以比利時北部講荷蘭話，南部講法文。1830 年脫離荷蘭獨立，深受法國三色旗影響，為紀念犧牲的英靈，黑色代表勇敢，紅色代表熱血，黃色為國家物產豐富。此三色亦是比利時早期 Brabant 公國王旗的顏色（黑色大地有一黃色獅子吐出紅色的舌頭）。

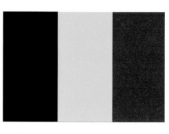
▲德國國旗從垂直放成水平，就成為比利時的國旗了（顏色有所對調）。

　　手持比利時國旗立於 1958 年在比利時布魯塞爾舉辦之萬國博覽會，筆者的背景是一巨大原子結構模型，為實際的二十萬倍，象徵人類和平使用原子能（第一屆萬博會是 1851 年在英國倫敦舉行，每五年一次，2005 年是在日本愛知縣，2010 年在中國上海，2015 年在義大利米蘭）。世博、奧運及世界足球賽並列國際三大盛會。

▲ 1958 年比利時布魯塞爾之萬國博覽會。

71 羅馬尼亞的國旗，深受法國三色旗影響，從青白紅變成青黃紅。羅馬尼亞是東歐唯一的拉丁人種，法國有凱旋門，羅馬尼亞也有凱旋門，而且極為相像。

▶羅馬尼亞的凱旋門。

▲羅馬尼亞的香榭大道。

72 羅馬尼亞前獨裁者西奧塞古興建宏偉的「人民宮殿」，其前有長三公里仿巴黎香榭大道，一望無涯，所以首都布加勒斯特有「東方巴黎」美稱。（1990 年東歐變天，共產黨倒臺，西奧塞古被逮捕，審訊後被槍決。）

73 前述羅馬尼亞深受法國國旗影響，而保加利亞國旗則受俄羅斯國旗「白青紅」斯拉夫傳統色彩影響（見下頁解說），改為「白綠紅」。

▶ 保加利亞的「白綠紅」國旗，深受斯拉夫「白青紅」影響。

74 為何白「青」紅改白「綠」紅，此乃保加利亞有綠色大地，孕育世界最多、最有名的玫瑰王國，特別是玫瑰精油，享譽全球。

▶ 參觀保加利亞「玫瑰博物館」。

Ｇ 白青紅三色

75 彼得大帝是蘇俄雄才大略的國王，為吸取西歐文化，從 1697 年起，彼得大帝向世界第一強國家荷蘭學習。

當時在阿姆斯特丹，他看到萬商雲集，對荷蘭非常崇拜。荷蘭的造船、航運、貿易，都是十七世紀最頂尖的國家。

支持荷蘭海上王國的主因是建造大量船隻、優秀的航海技術、勇敢探索未知海洋，故能掌握世界霸權。

俄國聖彼得堡是波羅的海出口港，由沼澤地填土而成，故急需學習荷蘭填海技術及水利工程。荷蘭在治水能力方面，世界無出其右。

▲ 筆者擁有一張有彼得大帝圖像之蘇俄鈔票，是全世界最大張的鈔票（是千元臺幣之 3.5 倍）。

荷蘭有四分之一國土低於海平面，海岸線是砂丘，靠著運河、橋梁、堤防興建人工都市。

◀彼得大帝向當時世界第一強國荷蘭學習航運、造船、貿易。

▶荷蘭也是水利工程領先的國家。

76 　俄羅斯聯邦的國旗是由白、青、紅三種顏色組成，1699年，彼得大帝受荷蘭國旗影響而制定出這面旗子（就是把荷蘭的紅白青改為白青紅）。直到列寧革命後終止使用。1991年，蘇聯解體，俄羅斯獨立後，白、青、紅旗又正式成為俄羅斯國旗。

▲將荷蘭的上端紅色置於下端，就成為俄國國旗（白青紅國旗）。

77 　冬宮是俄羅斯著名的皇宮，同時也是世界上最大、最古老的博物館之一。國立艾爾米塔什博物館（冬宮）是世界四大博物館之一，與巴黎的羅浮宮、倫敦的大英博物館、紐約的大都會藝術博物館齊名（四百間大廳走完計二十二公里，每件文物看一分鐘，每天八小時，需十五年才看得完）。

◀氣勢恢弘的冬宮廣場。

78 莫斯科有個有名的紅場,「紅」是蘇俄文中「漂亮」的意思,所以紅場的意思是「漂亮的廣場」。

原本與血腥沒有任何關聯,但至沙皇時代,這裡不斷爆發的血腥事件和屠殺,讓紅場上的美麗與血腥成了不可劃分的同義詞。

克里姆林宮代表了俄羅斯的權力核心,由沙皇、蘇聯,到今天都是,目前這裡是俄羅斯總統的辦公處與官邸。

▶蘇俄紅場。

79 莫斯科大學校園寬闊,建築壯觀宏偉,占地四千畝,主樓層四十層高,自誇世界「最高」學府,堪稱世界第一,環境幽雅,設施不錯。

筆者專任於大葉大學國際企業管理所,看到莫斯科大學有國際企業系(International Business),有招收外國學生,大概希望有國際觀吧!校方說臺灣有三位學生從這裡畢業。

◀莫斯科大學,主樓四十層,世界「最高」學府。

▶莫斯科大學國際企業系。

80 俄羅斯的俄羅斯娃娃、紅星手錶、魚子醬、琥珀、望遠鏡、伏特加酒等,均是當地特產。筆者見過最大一套俄羅斯娃娃有二十五個,由大到小,把歷任領導人套在一起,最外面的娃娃就是現任總統普廷。最近的俄羅斯之旅,又見將各國領袖及國旗製成套裝娃娃,也是「國際觀」最佳教材。

▲俄羅斯娃娃。

81 太空科技是俄羅斯最引以為傲的，1957 年第一座人造衛星升空，開啟太空時代新頁，甚至曾領先美國。

在俄羅斯聖彼得堡街頭，巧遇身配勳章的老兵，參加紀念歸途，用不純熟的英文話說當年二次世界大戰，與德軍交戰的神勇。

蘇俄曾大力發展軍事科技武器，從重型戰車、巨砲到長程飛彈、核子潛艇，是世界軍火供應國，國庫收入來自武器外銷。

▲參觀莫斯科太空博物館（太空人肩上繡有國旗）。

前南斯拉夫由七個共和國組成：塞爾維亞、斯洛維尼亞、克羅埃西亞、波士尼亞、馬其頓、蒙特內哥羅（黑山）、科索沃。後來紛紛獨立，只剩下當年的核心——塞爾維亞。其國旗與俄羅斯完全相反。站在貝格格勒——「我們同在一艘船上」的雕像前，無限感觸。

◀俄國的老兵。

▶俄羅斯的白青紅國旗顛倒成紅青白，則成了塞爾維亞國旗。

82 凡是斯拉夫體系都是使用白、青、紅國旗，捷克人相當愛國，甚至把這三種顏色塗在臉上。藍色代表斯洛伐克、白色代表摩拉維亞、紅色為波希米亞三大部分，後來斯洛伐克自行獨立成一個國家。捷克過去在共產陣營屬於十分工業化國家，從飛機、武器，乃至民生用品、農產品均能製造。值得一提的，隱形眼鏡就是捷克人首先創造出來的。

首都布拉格的市中心有哥德式、古羅馬式、文藝復興風格、巴洛克式建築等，有「建築博物館之都」美譽，值得一去再去。

◀這是捷克的國旗。

▶捷克建築古色古香。

83 斯洛伐克是從捷克分裂出來的，國旗採用斯拉夫民族的白、青、紅三色，表示斯拉夫民族獨特的文化、歷史、傳統和斯拉夫民族不朽的靈魂，再配上一枚國徽。（國徽的圖案是喀爾巴阡山及東正教的雙十字）

▲斯洛伐克也是使用白、青、紅三色旗。

斯洛伐克以農業為主，是山間村落和小城鎮構成的國家。斯洛伐克有中世紀建築，古老的城牆環繞著小鎮，散發著悠悠魅力。

斯洛維尼亞國旗的底色是來自俄羅斯國旗的斯拉夫色彩，配上一枚徽章。三座山峰是該國最高峰特里格拉夫峰（Mt. Triglav），白色表示和平，藍色是自由，紅色代表獨立和國家主權。斯洛維尼亞及上述之斯洛伐克是東歐國家最早以「歐元」為通行貨幣之國家。

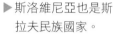
◀斯洛伐克是以農林為主的國家。

▶斯洛維尼亞也是斯拉夫民族國家。

84 在斯洛維尼亞到處可以看到古色古香的建築，有「小布拉格」之稱的盧比亞納 LJUBLJANA，表示其國家歷史悠久。

它原是南斯拉夫的一員，算是新興國家，斯洛維尼亞的波卡舞很有名，這個國家依山傍水、清澈湖泊、碧藍海洋、雪白山峰、夢幻溶洞，自然風光美不勝收。特別有「東歐

▲斯洛維尼亞建築有精美雕刻。

小瑞士」之稱的布雷德（Bled），好像風景明信片般活生生豎立在眼前。

在歐洲各國國旗很多是三色旗，因歐洲是泛基督教國家，有「三位一體」（Trinity）之學說，就是聖父、聖靈、聖子 Three in One。

聖父耶和華，公義又慈愛的神，為義人伸冤，一般教堂都很少看到其形象。但在馬其頓聖斯巴司東正教堂，其屋頂上有耶和華的壁畫，又在克羅埃

西亞首都薩格勒布（Zagreb）聖馬克天主教堂其牆壁亦有耶和華畫像，最特殊的是其頭部不是圓形光環，而是三角形。（代表聖父、聖靈、聖子）

聖靈藉由啟示或告知給人曉得真理，或賜下各樣恩賜，常以天使或鴿子形式出現。

聖子耶穌的傳播福音及其寶血洗淨人類的罪，而釘死在十字架。

在以色列耶路撒冷的萬國教堂上，就繪有「三位一體」。

▲斯洛維尼亞湖光山色，美不勝收。

Ｈ 紅黃綠三色

85 有機會到東非肯亞時，別忘了到聞名世界的國際會議廳，你將會看到琳瑯滿目的非洲國旗。前面飄揚著非洲各國國旗，仔細一看，有三分之一是紅、黃、綠的顏色。特別在 1960 年非洲獨立年，有十七國獨立自主，各國競相採用紅、黃、綠為主調的國旗。

▶非洲肯亞的國際會議廳豎立了非洲各國國旗。
（2000 年赴肯亞拍攝，第一面還是盧安達的舊旗）

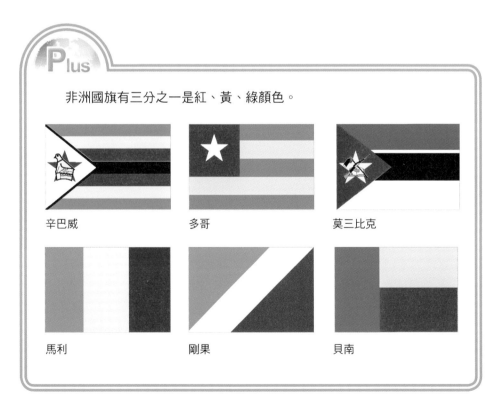

Plus

非洲國旗有三分之一是紅、黃、綠顏色。

辛巴威　　　　多哥　　　　莫三比克

馬利　　　　剛果　　　　貝南

86 最早使用紅、黃、綠的國旗是非洲衣索比亞，衣索比亞是基督教國家，深受聖經影響，舊約聖經中即有許多宗教故事。

▶源自聖經舊約的故事。

87 人類為非作歹，上帝要毀滅人類。當時諾亞是有名的聖者，上帝告訴他帶族人乘方舟逃離洪荒，後來雨過天晴，出現一道彩虹，表示苦難已過去。（聖經中，所羅門王和莎芭女王的後裔 Afrikas，在衣索比亞建立非洲的基督教王國，統治衣國到 1974 年為止。）

▲衣國國旗依據彩虹主色紅、黃、綠而來。

　　把彩虹的主色紅、黃（橙）、綠當作國旗的顏色。國旗是根據諾亞方舟故事中的彩虹而得。在聖經這篇中的十二節：「我使我的彩虹在雲端出現，作為立約的永久記號，這約是我與你們及所有生物立的。」

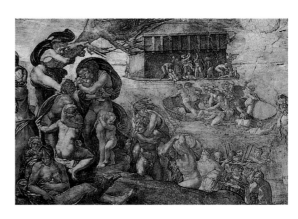

▶有名的諾亞方舟洪水淹沒了大地，雨過天晴出現彩虹。（取自梵蒂岡禮拜堂創世紀的壁畫）

88 此「強力三色」中，綠色代表國土及熱忱，黃色代表資源與和平，紅色象徵勇氣及希望。首都阿迪斯阿貝巴被稱為「非洲的鮮花」。此三色成為非洲三色，綠色聯想非洲廣袤土地、農林為主；黃色是地下資源及美好未來；紅色是胼手胝足、熱情積極。

▲衣索比亞是基督教國家，使用紅、黃、綠三主色為國旗。

89 衣索比亞國旗綠、黃、紅,專屬非洲顏色,有「非洲之色」之稱。非洲國家因為天旱多災、戰爭頻繁,長期被飢荒所困,依賴單一產品,人口爆炸、國內衝突,每年餓死者不計其數。記得當年英美歌星合唱 "We are the world",其實鬧飢荒不止衣國,因該國信仰基督教與西方國家相同,故有愛屋及烏情結。

▲衣索比亞館正播放"We are the world"歌曲,聽到沒?用心聽!

90 紅、黃、綠三色的玻利維亞國旗上,紅色象徵玻利維亞人民的勇敢精神,黃色和綠色分別象徵礦產和農業。玻利維亞無國徽的單純三色旗,才是玻利維亞的正式國旗,有國徽的其實是政府旗。

在玻利維亞的旅行中,導遊說紅、黃、綠是代表動物(血)、礦物、植物,因為是內陸國(與巴拉圭一樣),所以沒有藍色。

▲南美的玻利維亞顏色與衣索比亞相反。

91 此處是高地國,信仰太陽神,並以此作為國旗的象徵。衣索比亞如果要來此參訪,玻利維亞只要把一面國旗弄相反就可以(玻利維亞海拔甚高,與西藏相若,很容易得到高山症)。

▶玻利維亞的印地安人崇拜太陽神,因此也用紅、黃、綠三色。

92 幾內亞在西非,過去進行黃金交易,被稱為「黃金海岸」,曾是法國殖民地,也用紅、黃、綠,其角度與衣索比亞呈九十度。紅色代表烈士鮮血,黃色是太陽,綠色是森林及農業,抽象的概念是勞動、正義、團結。

　　把幾內亞國旗紅、綠互換，就成為馬利（Mali）的國旗，其上加一綠星就是塞內加爾，而五角綠星是執政的進步同盟黨徽，塞內加爾的足球很有名，2002 年世界足球賽進入前八強（一向是歐洲及南美的天下）。

◀幾內亞也是使用紅、黃、綠三色旗。

▶塞內加爾國旗。

93　喀麥隆原為德國殖民地，德國敗戰後轉歸屬英、法。1960 年法屬喀麥隆獨立，使用綠、黃、紅三直條的三色旗，1975 年合併英屬喀麥隆，在中央加一大黃星表示雙方團結一致。現在官方語言是英語和法語（與加拿大一樣是英、法雙語國家）。

▲喀麥隆國旗也採用非洲三色旗。

94　中非旗面上半部的藍、白、紅為前殖民宗主國法國國旗的三色，下半部綠、黃、紅為非洲色彩，意味著宗主國與非洲本土的深遠關係；兩組色彩中紅色連成一道貫穿四色，表達出團結一致的意象，也是人們的鮮血。左上角一顆黃色五角星，表示自由。

▲「居心不良」猜一國名（中非）——它採用非洲及法國三色組成。

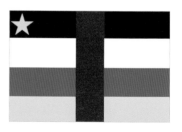

95　模尼西斯國旗的紅、藍、黃、綠四道顏色，除非洲三顏色，再加上藍色，代表印度洋一島嶼，象徵共同合作成為同一個國家的印度人、非洲人、歐洲人、華人，也可以表示愛國、海洋、陽光、農業。

▲模尼西斯也是非洲三個顏色加上藍色（代表印度洋）。

96 辛巴威使用雙重非洲三顏色。紅色代表獨立烈士的鮮血，黃色表示礦產資源豐富，綠色則是農業欣欣向榮。白色三角形是對和平的渴望。三角形裡有一顆紅星與一隻「辛巴威鳥」，代表辛巴威古文明（英文國名 ZIMBABWE 在世界國家字母排列居最後一國）。

▲辛巴威使用雙重非洲三顏色。

Plus

彩虹旗

◀在美國舊金山赫然見到一面彩虹旗。

▶荷蘭阿姆斯特丹也見過彩虹旗。

▲同性戀者不能當憲兵而上街抗議（上校手持彩虹旗）。

◀有名的港星張國榮就是同性戀者，而唐鶴德（男生）是其最愛。六色彩虹旗：紅（生命）、橙（癒合）、黃（陽光）、綠（自然）、藍（藝術）、紫（靈）。

▲原來它是同性戀者的符號，最早旗子係手工染，染不出「靛」色，則成六色彩虹旗。

◀斯里蘭卡常見一旗也像彩虹旗，但它是佛教旗（藍黃紅白橘代表自然的天、雲、火、水、地五元素，橫向五色代表和睦相處，縱向五色代表世界和平。）。

▌ 橘色

97 　印度國旗上的橘、白、綠，代表佛教、印度教、回教三教共和，很像以前中國的「五族共和」。在英國殖民的大印度，包括現在的印度、巴基斯坦（分東巴及西巴，皆信奉回教，東巴獨立為孟加拉）、錫蘭（信奉佛教，現稱為斯里蘭卡），甘地的大印度最後破局，分裂成三個國家。

　　橘色代表小乘佛教的斯里蘭卡，為「獨善其身」，男生都要出家當和尚，學習佛法，身穿的就是橘色的。

▲印度國旗中的橘色，代表佛教（在擔任總經理與來訪印度客人合影）。

▶橘色代表小乘佛教。（在寮國佛寺前拍攝）。

Plus

不丹及斯里蘭卡，也可以看到代表佛教的橘色。

不丹　　　　　　　　　　　斯里蘭卡

J 黑色

98 黑人人種膚色多呈黑色，髮色深黑、捲曲，眼珠黑褐，唇厚鼻寬，分布於非洲撒哈拉沙漠以南、南亞、大洋洲如巴布亞新幾內亞等地。

非洲過去都是歐洲列強殖民地（1884年柏林殖民地會議，宣告非洲為無主之地，採「先占權」原則，捷足先登者贏，歐國諸國以經緯度為準，恣意切割），又稱「黑暗大陸」（The Dark Continent），曾度過「黑暗」的歲月。又黑色是強壯、高尚的顏色（如黑西裝、黑轎車、黑牌威士忌），所以黑色是非洲傳統顏色，很多非洲國家旗誌上有黑色。又過去販賣非洲黑奴至美洲，後來獨立了，國旗上亦有黑色，如安地卡、巴哈馬、牙買加、千里達等。

▲黑色是非洲人的主色。

99 肯亞國旗來自領導該國獨立的肯亞非洲民族同盟旗（KANV）上的黑、紅、綠三橫條，在色彩交界處新增兩道白條，象徵和平與統一。紅色凝聚著人民沸騰的鮮血，黑色是肯亞黑人的本色，綠色象徵大地和天然資源。

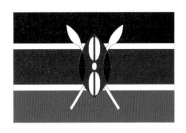

▲肯亞國旗（黑色代表非洲的主色）。

100 非洲的坦尚尼亞國旗也有黑色。綠色代表森林與農業，黃色代表礦物資源，黑色代表國民本色，藍色則代表東臨印度洋（東非）。在1979年於坦尚尼亞東非大裂谷發現四百萬年前人骨化石，證實是人類最早祖先。

▲非洲的坦尚尼亞也有黑色。（綠上青下，不可掛反）

101 非洲馬拉威國旗由上而下為黑、紅、綠三色。黑色是黑皮膚的人民，紅色是紀念為爭取自由的熱血，綠色則代表物產豐富。

▶非洲的馬拉威也有黑色。

102 波札那國旗以淡藍色為底色，中間有一條黑道，上下各有一條白色窄條。淡藍色旗底是蔚藍天空，也象徵雨水、河水，表示對水資源的依賴。他們打招呼會說「Pula」，就是雨水，相當於我們常問「吃飽沒？」黑白橫條的意義是黑人與白人平等的精神。

▲非洲的波札那也有黑色。

　　波札那位處非洲南部的內陸，水源非常缺乏，在旅遊中導遊不斷提及，並在國旗上提醒國人。先前為英國殖民地，1966年獨立，執政者希望黑人與在地白人能和平共處，同享平等。一般波札那人十分溫和友善，國民所得也比鄰近非洲國家高。

▶在波札那觀賞水鳥生態。

K 黃色

103 巴西的國旗有稜形的黃色，象徵豐富的礦產資源。

　　巴西鐵礦蘊藏量占世界的35％，高居第一。此外，也是主要錳、鋁、銅、金和銀的生產國，臺灣人很討喜的紫水晶也不少，在巴西屢次沿途都有人打成飾品叫賣。

▲巴西國旗。

◀巴西首都巴西利亞物產展示館的礦物標本。

104 賽普勒斯國旗上白色底，畫上國土形狀（2008 年 2 月 17 日獨立的科索沃也有國土在旗上），而國土是黃色，代表出產銅礦（註：顏色之配色——黃白配、紅黑配是弱配色，十分不顯眼，儘量少用，反而黑黃、黑白是強配色）。

▲塞普勒斯國旗。

　　站在銅礦的山頂往下望，又深又寬，壯麗奇景令人震撼。銅以露天開採，再加以精鍊，始得純銅。因其導電性佳，常使用於電氣工業，也用在建築及汽車上。塞普勒斯也擁有最精湛的青銅製造技術。

▶塞普勒斯的銅礦場。

105 坦尚尼亞國旗如前述，黑色代表其國民，上頭之綠色是一片綠色草原，稱為塞倫蓋蒂草原，與肯亞的馬賽馬拉草原相連一體，是世界面積最大的國家公園。隔著一條河，為了草食往返二國之間，這是很有名

▲坦尚尼亞國旗。

的動物大遷移。此外，盛產丁香、咖啡。青色代表面臨印度洋。國旗上有二條黃線，就是代表礦物資源。

他們將各種礦物加工成非洲地圖或動物形象叫賣，看樣子也滿有生意頭腦的。

▲將礦物加工販賣。

106 南非的國旗，靠近旗桿有一黑色三角形，緊鄰橫放 Y 字形的綠色間，有一黃色窄條隔開，此黃色代表南非是一礦產國家（與智利一樣，礦業很重要）。

南非的礦產資源極為豐富，金、錳、鈦、釩、鉻儲產量均居世界第一。此外，還有讓女人心動的鑽石，礦產出口占南非外匯收入七成以上。

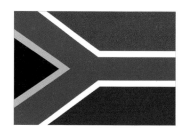

▲南非國旗。

▶南非的金礦。

叮嚀小語

我們在下方整理出依顏色來分辨國家的祕訣，請再複習一下吧！

顏色	分辨祕訣
紅色	大部分為共產國家或經革命建國國家。
藍色	大部分為島嶼國家或海洋國家。
綠色	大部分為回教國家或農林國家。
黑色	大部分為非洲國家或當年黑奴而成立國家。
橘色	大部分為佛教相關國家。
黃色	大部分是礦產豐富國家。
黃紅色	大部分為西班牙體系國家。
白藍紅色	大部分為斯拉夫國家。
紅黃綠色	大部分為非洲國家。
三色旗	除了「白藍紅色」及「紅黃綠色」外的三色旗，大部分為歐洲國家。
雙對比色	大部分為回教國家。（中美的聖露西亞亦是雙對比色）

Notes

用日月星辰看國旗

Ⓐ 太陽

① 在國旗上除了用顏色分辨以外，另外也可利用國旗的「日月星辰」來辨別國家。

　　從小，我們每個人都知道太陽是從東邊升起的，所以亞洲國家的國旗幾乎都有太陽，而西方國家則老比亞洲國家慢半拍。

　　東亞和東南亞自古就以農立國，農作物生長必須依賴太陽，所以特別重視太陽。很特別的是，東亞及東南亞國家的國旗都沒有綠色。

▲從日月星辰，也可以看一個國旗的屬性。

▶太陽從東邊升起先照到亞洲。

　　所以亞洲的國家國旗，大多有太陽。

菲律賓

哈薩克

蒙古

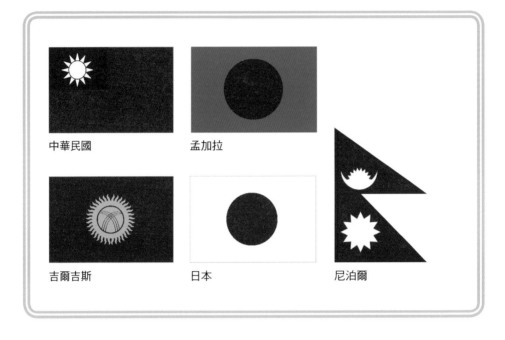

中華民國　　　　　孟加拉

吉爾吉斯　　　　　日本　　　　　尼泊爾

日本，又意為「日之本」，古代日本人以為「日出日本，日落中國」，所以在國旗上畫上紅紅的太陽。日本祭拜的「天照大神」就是太陽神紅日映雪地。也可說白色是神聖、純潔，紅色是熱忱、活力。

富士山是日本第一高山，也是日本聖山，海拔三七七六公尺，在靜岡縣及山梨縣之間。以前在企業任職，技術合作廠就在靜岡縣，特別起個大早觀看富士山日出（在臺灣，也是到阿里山、玉山看日出），日幣五千圓的背面也正是富士山日出，從灰白的天空到日出的萬千變化，很像一個精彩的舞臺。富士山頂終年皚皚白雪，有「白扇倒懸東海天」、「富士白雪映朝陽」的詩句。

日本國旗也稱為太陽旗，自古以農耕為

▲北海道札幌雪祭，一片雪白世界，臺灣以 101 大樓及彰化八卦山大佛為代表，倍感親切。

主的日本，太陽很重要。1870 年，德川幕府將旭日東昇的太陽旗當作國旗。

　　日本國旗上的紅日代表太陽，而底色的白色代表北國冰雪，在冬天一片銀白世界，它也是純潔、神聖不可侵犯的象徵。

▲ 富士山晨曦破曉時（在日本靜岡縣觀日出）。

▲ 富士山日出，萬丈光芒，美呆了！

③　中華民國的國旗左上角就有光芒的太陽，國旗是孫中山先生將革命先烈陸皓東所創的青天白日旗加上滿地紅（革命熱血、犧牲奉獻），就是中華民國國旗。白日有十二道光芒，代表十二個時辰、十二個月分，也就是「天行健，君子以自強不息」！事實上，國歌中似乎也透露一些玄機，許多人更因而猜測國父是否是先知？

▲ 孫中山先生可能是先知。

▲ 中華民國國旗也有太陽（十二道光芒亦有傳統的子、丑、寅、卯、辰、巳、午、未、申、酉、戌、亥之意）。

▲ 請看國歌歌詞的第六個字。（國歌歌詞來自孫中山先生在黃埔軍校開學訓詞，歌譜選自程懋筠。）

國旗和國歌是孫中山先生手創，請看歌詞每一句的第六個字，預測民進黨是未來執政黨，真是巧合啊！（附帶說明：世界上國歌最長的是希臘，有一百五十八句。最短的是日本及約旦，只有四句。）

　　孫中山先生的遺囑由汪精衛草擬，交予過目並簽字，其中有句「革命尚未成功，同志仍須努力」，但真正彌留時喊出「和平、奮鬥、救中國」，為什麼呢？

4　　2003 年爆發人人恐懼的 SARS，孫中山臨終曾說：「和平、奮鬥、救中國」，果然在臺灣的「和平」醫院及中國上海的「和平」飯店蔓延。雖然國父是先知，但有人說犯了黨國不分之虞，而且太陽放在左邊的錯誤，所謂夕陽西下，難怪建國以來一直是多事之秋。有的國家把太陽放右邊，就是旭日東昇；有的放中央，也是日正當中；放在左邊應屬星月才是。

▲國父臨終前還喊著和平、奮鬥、救中國，沒想到 SARS 在臺灣和平醫院及上海和平飯店蔓延開來。

5　　筆者曾經到過寮國，在歷史博物館赫然發現斗大太陽在其國旗上。寮國是東南亞唯一的內陸國，現在屬共產國家，除醫科、藝術外，國內居然沒有大學，在筆者旅遊過的國度，算是比較沒有看頭的地方（經指正是白色月亮而非太陽）。

▲在寮國，導遊說國旗也有斗大太陽。

6　　蘇俄解體後有許多國家紛紛獨立，其中哈薩克是亞洲國家（中亞），也有三十二道光芒的太陽，其下有隻飛鷹。藍黃相配是對比色，十分醒目。

▲蘇聯解體後的哈薩克也有太陽。

中亞的吉爾吉斯於 1991 年脫離蘇聯，國旗上有太陽及帳篷，表示其為遊牧民族。底色以紅色為背景，表示愛國熱忱，而太陽及帳篷是黃色。太陽有四十道光芒，代表吉爾吉斯四十個部落，也是國旗上太陽光芒最多的。

有名的「檸檬革命」以黃色代表政變，如交通標誌的黃燈信號，希望國家能脫胎換骨，一如烏克蘭的「橙色革命」，用顏色代表政變，世界唯一不變的就是「變」。

吉爾吉斯地形由山地、盆地、谷地構成，全境處處可見山地牧場，有「牧場之國」稱呼。

▲中亞的吉爾吉斯國旗也有太陽和帳篷。

▶筆者太太在吉爾吉斯的帳篷留影。

除了亞洲國旗上大部分有太陽標誌外，馬其頓為歐洲最早看見太陽的國家。曾出現赫赫有名的亞歷山大，類似亞洲蒙古的成吉思汗。兩人都是一代戰神，希臘與馬其頓就像中國與蒙古一樣情結。

蒙古國旗兩邊之紅色是進步與繁榮，暗喻成吉思汗的蒙古帝國，中間的藍色是草原上藍藍的天，上頭有三條火舌表示過去、現在、未來（喇嘛教），火與「日」月結合，就會繁榮昌盛，以下之圖案是蒙古之索永布（Soyombo）……。

成吉思汗大帝代表蒙古人風華歲月，蒙古人自東征西討，建立一個橫跨歐亞大陸，面積達三千萬平方公里，空前巨大的蒙古大

▲馬其頓是歐洲最靠近亞洲的國家，它也有太陽。（歐洲國家唯一有太陽的國旗）

▲蒙古國旗。

帝國，也象徵今日的蒙古人要向先賢看齊，再求進步與繁榮。

　　蒙古包上永遠萬里晴空，彷彿看到奔馳戈壁草原的蒙古牧馬，卓越的蒙古戰士，以及逐水草而居的遊牧生活。

▲蒙古鈔票上的成吉思汗（黃金歲月：進步與繁榮）。

　　國旗上的三條火舌在石頭堆上都可看到代表過去、現代、未來（喇嘛教有過去佛、現代佛、未來佛），火與日、月結合就會國運昌隆、安和樂利。在蒙古草原或戈壁沙漠很少下雨，白天都是大太陽。

◀蒙古包上的天空是永恆藍天（筆者著蒙古服留影）。

▶三條火舌：過去、現代、未來。

　　❾在南美洲也有幾個國家國旗有太陽，南美洲阿根廷國旗上有可愛的臉譜，國旗中央的太陽稱為「五月的太陽」。

　　1810 年 5 月 25 日，阿根廷當天是個陰暗的天氣，忽然有一道太陽光從原是陰暗的天空照射下來，人們認為這是好的徵兆，溫馨「五月的秋陽」就成為象徵。

　　五月在南半球是秋天，所以是可愛的秋

▲其次是南美洲國家也常有太陽，阿根廷是其中一例。

陽，象徵自由、黎明。細數這個太陽有三十四道彎直相間的光芒，另外上下的淺藍色象徵正義、友愛，中間的白色代表純潔、正直，此二色亦是軍服色。

阿根廷把 6 月 20 日訂為國旗日，2005 年的國旗日製成六公里長的國旗，萬人簇擁遊行，創下全民世界紀錄，場面十分壯觀，激發民心士氣。阿根廷在第一次世界大戰期間是世界七大（G 7）強國之一，而今外債累累，總統下臺如走馬燈，所以說不要淪為「阿根廷第二」。

◀阿根廷在 1810 年 5 月 25 日獨立（西班牙文的 MAYO 就是五月）。

▶在麥哲倫海峽拿著阿根廷國旗留影（有太陽臉譜）。

10　　南美洲烏拉圭的國旗，同樣也有可愛的太陽，黃日象徵獨立的「五月的太陽」。其中太陽光芒十六道，比阿根廷少了一半。1828 年烏拉圭脫離巴西獨立。阿根廷出手援助，故延用面孔太陽。烏拉圭是一個山明水秀的國家，號稱「南美瑞士」。2012 年就任總統荷西・穆希卡（Jose Mujica）被稱為全球最窮總統，住民宅、乘老車、捐薪水，全心全力為公忘私，舉世稱許。

▲烏拉圭的國旗也有太陽。

11　　厄瓜多爾在國徽上面有一個小太陽，一樣有臉譜。

　　厄瓜多爾的西班牙語就是赤道，特別首都「基多」是赤道經過，想當然有那顆太陽。很「毒」嗎？其實是四季如春，為什麼？因

▲厄瓜多爾的國旗也有太陽。

為它位於海拔近三千公尺上，眾所周知，愈往高處溫度愈低。最高峰欽博拉索山（Mt. Chimborazo）長年白雪皚皚。

⑫ 東非肯亞也是赤道經過，筆者所拍的照片上有 Equator 字樣，就是英文的赤道，但肯亞位於東非高原上，氣候宜人，首都奈洛比稱為「東非倫敦」，附近的吉力馬札羅山標高五千八百九十五公尺（非洲最高峰），山頂終年積雪，赤道可見雪景！

▲雖位居赤道，但地形高就不熱了！

⑬ 國旗的設計萬丈光芒的太陽自海平面冉冉上升，天際染紅，一隻軍艦鳥翱翔著（軍艦鳥有全身黑羽毛，紅色咽喉，像昔日軍艦顏色，其蹲姿亦像軍艦船首，故得名。飛行時速四百公里，是世界上飛行最快的鳥之一），三條白色波紋代表由三個群島組成。這面國旗獲網路票選最佳景致獎。

▲位於換日線上，代表它是一天的開始。

2003 年 11 月 8 日吉里巴斯與中華民國建交，外交部長簡又新證實此事，具有重大指標意義。吉里巴斯也是迷你小國，人口約十萬人，以漁業、觀光為主。

吉里巴斯位於中南太平洋，恰巧國際換日線經過此區，更巧的赤道也從該國橫過。雖然群島總面積不到七二〇平方公里，但吉

▲吉里巴斯與臺灣有建交。

里巴斯居然跨越東半球、西半球、北半球、南半球，有歷史以來還沒有一帝國有此能耐。

吉里巴斯是全世界所有國家中最早看到太陽（比亞洲最早的日本快五小時），千禧年來臨，搶所有媒體的焦點——第一道曙光（薩摩亞是世界最慢看到太陽的國家）。

從外太空看地球換日線的奇景，一線之隔白晝與黑夜！

赤道與國際換日線在吉里巴斯交會，赤道與倫敦格林威治子午線交會線則在西非幾內亞灣上（緯度零度，經度零度），距此處最近的城市是迦納首都。

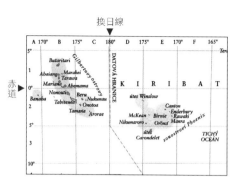

▶吉里巴斯雖小，卻跨越東西南北半球。

◀2000 年千禧年第一道光芒由此開始。

▶經度零度的換日線（吉里巴斯是經度一百八十度）。

⑭ 把吉里巴斯國旗轉成一幅海上日出圖，浩瀚大海，波光粼粼，一望無垠，如碩大無朋的藍色明鏡，朝旭映紅海面，猶如少女泛起紅暈的俏臉，天空飛來一群海鳥，迎著海風展翅飛翔，一會兒直衝藍天，一會兒搏擊海浪，被這旖旎景色深深吸引打動，讚嘆絕美風光。

▲吉里巴斯國旗轉成一幅日出海上圖。

⑮ 馬紹爾群島亦在換日線附近，國旗上計二十四道光芒（星星光芒最多的），有四道長光芒，構成十字，意即基督教國家（後面言及）。國旗藍色背景，代表位於南太平洋，橘、白二色

▲馬紹爾群島國旗。

斜帶是勇氣與和平。馬紹爾群島面積一八〇平方公里，人口不及七萬。

　　國際換日線的吉里巴斯、東加、斐濟、紐西蘭、吐瓦魯、馬紹爾等皆是世界最早一天的開始。

▲在馬紹爾拍攝日出。

▲在斐濟看日出。

16 　　非洲熾熱的環境與太陽息息相關，比如尼日；馬拉威亦有太陽擺在國旗中間，象徵日正當中；盧安達國旗也有太陽，其太陽放在東邊，象徵「旭日東昇」。納米比亞的國旗也有太陽，太陽放在西邊，給人感覺「夕陽西下」。

　　尼日國旗上的橘色是黃黃的草原，綠色是茂密的雨林，白色就是尼日河（非洲第三大河，次於尼羅河及剛果河，是西非母親河），尼日境內大半是沙漠，經年烈日當空，沙漠看日是「黃日」。如果把黃日改成法輪，就成為印度國旗。

　　盧安達國旗上的顏色，綠色象徵農業發展，黃色代表國土豐裕，藍色則是天空與希望，二十四道光芒的太陽指引人民向未來願景齊心努力，據言，是位 Kirimobenecyo 的藝術家所設計，這面國旗是 2001 年才開始使用，算滿年輕的新國旗。1994 年嚴重種族大屠殺，期新旗新國家。

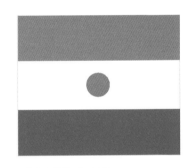

▲尼日國旗有太陽。

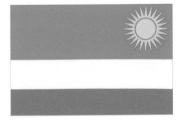

▲盧安達國旗也有太陽，代表旭日東昇。（原來國旗是紅黃綠三直條中央加 R 字，參考第二章 **85** ）。

◀非洲熾熱的環境與太陽息息相關
（在撒哈拉沙漠旅次拍攝）。

⑰ 　馬拉威國旗上的黑色是非洲人本色，紅色代表熱血，綠色則為綠意的農林業，太陽日正當中表示迎向太陽，邁入曙光，前途一片光明。

　　納米比亞舊稱西南非，為南非屬地，國旗上的青色是面大西洋，紅色是烈士鮮血（為脫離南非獨立），綠色是豐碩的收成，黃日表示沙漠看太陽，太陽是永恆持續的。

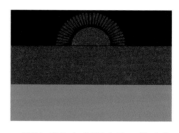

▲馬拉威亦有太陽（日正當中），
太陽光芒三十道，僅次於吉
爾吉斯、哈薩克、阿根廷。

▶納米比亞的國旗也有太陽（夕陽西下）。

B 星星

⑱ 　船在航行，白天可看太陽方位，晚上則觀察星象，在北半球很快看到明亮的北極星，以此定點再搜尋其他星座。

　　但南半球看不到北極星，可藉助閃亮的南十字星來尋找方向。

　　星星之美，在於它點亮了沉寂蕭瑟的夜

▲在北半球可以看到明亮的北極
星。

空，看似閃爍的光芒，宛若高掛在天上的守候，從古至今，不知催生了多少文人才子靈感創作，也不知承載了多少情感的投射依附，但也正是因為有了這美麗作導引媒介，才會使人對浩瀚無窮的天空產生興趣，進而去窺視蘊藏在地球與宇宙的關聯奧祕。（錄自2011 年 1 月分高鐵車上刊物）

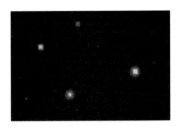

▲在南半球可以看到耀眼的南十字星。

19 在南半球天文臺可以看到耀眼的南十字星，南十字星頂星叫 Gacrux，尾星是 Acrux，左星 Mimosa，右星 Delta Crux，距地球八十八光年。那麼究竟哪些國家是位於南半球呢？現在一一為各位掀開這美麗半球。

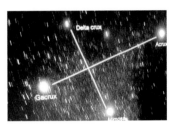

▲在南半球天文臺可以看到耀眼的南十字星。

20 紐西蘭用紅色南十字星表示其為南半球國家。藍色背景是海洋國家（前文已述），左上角米字圖架，是大英國協（後文介紹），紐西蘭有高山火車、冰河峽灣，南島農莊、北角魔戒，相當吸引國人前往旅遊。當年澳洲成立聯邦，曾請紐西蘭加入，紐西蘭自覺小家碧玉，不願與澳洲財大氣粗匹配，最後自成一國。（1840 年為英殖民地，1907年為自治領，1947 年完全獨立。）

▲紐西蘭國旗。

21 澳洲國旗以藍色為底色，表示其四面環海的地理位置。左下角有一大白星，為「澳大利亞聯邦之星」，星星有七道光芒，代表組成國家的六個州和塔斯馬尼亞島，右

▲澳洲國家亦是因角度關係而多了一顆星。

邊五顆星排列成南十字星座，表示澳洲是南半球國家。

　　談到澳洲就會想到無尾熊（Koala），有討人喜歡的臉及毛茸茸的耳朵，吃的尤加利樹葉有毒性，沒有動物搶吃，唯其獨享，葉子有水分，所以不必下來飲水，整天吃飽睡、睡飽吃，糞尿往下排泄，不像豬與便為伍。因吃尤加利葉，身有異味，沒有動物要吞食牠。下輩子投胎，就當無尾熊吧！

▲談到澳洲就會想到無尾熊（Koala）。

22　西薩摩亞國旗左上角藍色長方形內是一個南太平洋國家，國旗上常見的由五顆白色五角星組成的南十字星。飄揚時，實在很像中華民國國旗。

▲薩摩亞國旗也有南十字星。

　　西薩摩亞甚至在鈔票上也不忘記宣傳其國旗。也提醒大家要脫離貧窮，就要靠教育。有西薩摩亞（Westem Samoa 1962 年自紐西蘭托管獨立），當然就有東薩摩亞，是美國領地，所以 1997 年改國號為薩摩亞（Samoa），表示是主權獨立國家，如同塞浦路斯，實際分北塞與南塞。

◀薩摩亞鈔票也有國旗。

南半球（特別是大洋洲）的國旗很多有南十字星。

澳洲（有）

紐西蘭（有）

吐瓦魯

索羅門群島（有）

馬紹爾群島

吉里巴斯

諾魯

薩摩亞（有）

密克羅尼西亞（有）

巴布亞新幾內亞（有）

巴西（有 27 顆星，中為南十字星）

23 星條旗大部分都是跟美國相關的國家，大家都知道世界第一強國美國國旗上有五十顆星星及十三條線，所以美國國旗又稱為星條旗（The Star-Spangled Banner）。紅色代表勇氣，藍色象徵堅韌，白色則是正義，與法國同用三色。

▲美國的國旗是星條旗的開創者。

24　美國剛獨立的時候,設計十三顆星星和十三條紅白條紋,十三條紅白條紋代表獨立時的十三州。1620 年 11 月,英國清教徒乘坐「五月花」(Mayflower)抵達麻薩諸塞州,日後發展大西洋沿岸的十三州。1776 年 7 月 4 日,十三個殖民州脫離英國控制,發表獨立宣言。

1783 年 9 月,英國承認美利堅合眾國獨立地位,而後的百年內,有數以百萬計歐洲人嚮往美國的自由與富裕人民,移民至美國。

十三州是 Connecticut、Delaware、Georgia、Maryland、Massachusetts、New Jersey、New York、North Carolina、Pennsylvania、Rhode Island、South Carolina、Virginia、New Hampshire。1795 年再加入肯塔基、佛蒙特州,成 15 條 15 星,1818年起增州增星,橫條永遠 13 條。

▶十三州都在大西洋沿岸。產生 WASP 優越論,即 "White Anglo－Saxon Protestant"。「白人、盎格魯撒克遜(英裔)、清教徒」至上。

▲美國剛獨立的時候是十三州,所以星條都是十三個。

25　美國隨著西部開拓,以打仗、購買、併吞方式拓展版圖。

1776 年,大西洋沿岸十三州宣布獨立。1783 年,獨立戰爭後,英國割讓密西西比河。1803 年,向法國拿破崙三世購得洛磯山脈以西(路易斯安那)。1818 年,向西班牙購買佛羅里達州。1848 年,美、墨戰爭,墨割讓德克薩斯、新墨西哥、加利福尼亞。1867 年,向蘇俄購買阿拉斯加。1898 年,美西戰爭,西班牙割讓古巴、波多黎各、關島、菲律賓。1898 年,併吞夏威夷王國。

▲隨著西部開拓,增加很多州。由北方的「凍霜帶」擴展至南方的「太陽帶」。

26　1861 年 4 月美國爆發南北戰爭，北軍還是沿用原來的星條旗，南軍的國旗則是用十三顆星星及交叉十字代表基督教國家。南北戰爭最激烈的是蓋茨堡戰役，共五萬人戰死。1865 年 4 月南軍投降，美國再度統一。

▲在南北戰爭時分別用不同旗幟表示（在美國迪士尼樂園拍攝）。

27　本來星條數目是同時增加，1818 年 4 月 4 日議會制定，紅白相間條紋數永遠十三條線，用來紀念最初獨立的十三州，但是星星數目可隨著州的數目增加而增加。據說第一面國旗是位女裁縫師 Betsy Ross 所設計，建國二百多年，星星圖案已改二十六次，目前九排五十顆，一排六顆、一排五顆交錯。

在 1909 年 4 月 6 日，美國探險家斐利第一次登上北極極點，高舉美國國旗，那面星條旗是四十六顆星。

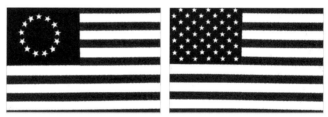

▲每增一州就增一顆星，十三條紋不動。第一面國旗為女裁縫師 Betsy Rose 所設計的。

28　美國本土有四十八州，加上北邊的阿拉斯加（1959 年加入）和太平洋中的夏威夷（1960 年加入），總共五十州。二十世紀參加兩次世界大戰，放棄孤立主義，終成今日超級強國地位。今日美國如此強盛，不同民族帶來多元文化是一重要主因。（有人戲稱美國是「人種大熔爐」，而加拿大是「人種馬賽克」）

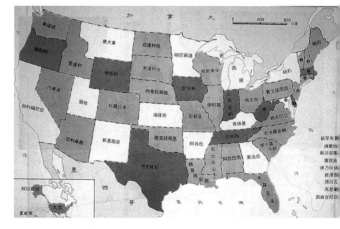

▲本土四十八州加上阿拉斯加、夏威夷變為五十州。

29 阿拉斯加為美國最大一州，美國在 1867 年 3 月，以七百二十萬美元的價格向蘇俄購買的土地，是美國第四十九州，蘊藏豐富石油及具戰略地位。1741 年探險家白令經西伯利亞東方海域探索，發現阿留申群島、阿拉斯加及珍貴的海獺毛皮，大量獵捕，最後所剩無幾，此地已無經濟價值且管理不易而賣給美國。

▲ 遠在天邊的阿拉斯加是第四十九州（在阿拉斯加海獺毛皮店留影）。

30 夏威夷本來是卡美哈美哈王國，當然有國王，原住民也不是印地安人，但美國日漸強大，移居夏威夷的美國人在 1893 年發動武裝政變，軟禁國王，將其作為太平洋艦隊基地。於 1959 年成為美國第五十州，1960 年 7 月 4 日啟用五十顆星的國旗，使用至今。

▲ 太平洋的夏威夷列島是第五十州。

31 美國是世界第一大種族融合，從 1777 年的十三州，到 1960 年的五十州，星條旗修改了二十六次，是世界修改次數最多的國旗。

十五世紀是義大利世紀（文藝復興）。十六世紀是西葡世紀（新大陸及新航路）。十七世紀是荷蘭世紀（海上貿易）。十八世紀是法國世紀（太陽王及拿破崙）。十九世紀是英國世紀（維多利亞日不落國）。二十世紀迄今是美國世紀（第一、二次世界大戰）。

▲ 美國真是民族的大熔爐，所謂「綜合沙拉理論」（Salad Bowl）。

▶ 美國總統寶座（後有國旗及統帥旗）。

32 受美國支持，鄰近的古巴在 1909 年脫離西班牙獨立，相當依賴美國的資助，所以旗幟有點類似星條旗。紅色正三角形表示安定平等，白色表示自由，藍白五橫線即是五行省。

▲受美國影響，古巴也是星條旗。

33 1959 年卡斯楚革命成功，古巴雖然引進共產主義——列寧和馬克思主義，但是古巴國旗始終沒有改變。不像很多共產國家之特色——紅底、黃星或斧頭、鐮刀標誌。

▶雖然古巴是共產主義，也沒有更換國旗（拍攝於古巴哈瓦納革命史蹟館）。

34 蘇俄為鞏固卡斯楚政權，在古巴建立飛彈祕密基地，為美國 U2 飛機偵察出來。1962 年 6 月 22 日美國總統甘迺迪要求撤出，否則即加以摧毀，美俄僵持，戰爭一觸即發，最後蘇俄同意拆除，「驚爆十三天」的電影，就是描寫這段情節。

▲這是美國前駐古巴大使館，現改為博物館。

35 波多黎各的旗幟也和古巴類似，它屬美國屬地（有如關島），將古巴旗幟的青色改為紅色，紅色改為青色，就是波多黎各旗幟。最有機會成為美國第五十一州（1898 年美西戰爭，割讓波多黎各給美國，人口四百萬，以升格州為目標）。

◀波多黎各的旗幟很類似古巴。（通行西班牙語、黑白混血、生產雪茄、好 Salsa 舞與古巴文化相同）

▲智利國旗也是星條旗。

(36) 另外，智利的國旗也是星條旗。智利國旗是美國人查理所設計，長年為智利獨立而努力，故也是星條旗。

智利在南美洲西岸，介於安地列斯山與太平洋之間。國土長達四三二九公里，是世界最狹長的國家，國旗上的白色係安地列斯山上終年冰封的景象。

1972 年一架載著橄欖球隊員的飛機，從烏拉圭飛往智利途中，意外墜毀於天寒地凍的安地列斯山，求生救援過程生吞人肉，1993 年拍成電影「我們要活著回去」（Alive），無與倫比的震撼。

▶國旗上的白色係安地列斯山終年冰封的景象。

(37) 巴拿馬國旗也有點類似星條旗。藍紅二方塊代表二大政黨團結一致，藍星象徵忠誠及廉潔，紅星象徵法律的權威，十字線也代表天主教國，並位於二大洲、二大洋之樞紐地緣位置。

▲巴拿馬國旗也是星條旗。

38 在巴拿馬有一條連接太平洋和大西洋的巴拿馬運河，這條運河的開鑿，經過多次失敗後，最後在 1914 年 8 月由幫助巴拿馬獨立的美國開鑿成功，巴拿馬運河一直是由美國管理，1999 年才歸還巴拿馬政府，所以巴拿馬國旗顏色也採用美國國旗相同的顏色。

▲巴拿馬運河長時間受美國統治。

39 筆者曾在巴拿馬運河高舉巴拿馬國旗。在國際禮儀上，船進入他國港口，船首掛當地國國旗，船尾掛船籍國國旗。

由於運河的建設，由紐約至洛杉磯的海運距離比經南美的麥哲倫海峽省了五分之二。

▶筆者站在巴拿馬的船舶上。

40 賴比瑞亞的國旗也是星條旗。在美國「黑人解放政策」之下獲得自由的黑人，回到非洲，於 1847 年建立了非洲第一個共和國，取名為「賴比瑞亞」（Liberia 自由之國）。國旗為紅白十一條紋，代表簽署獨立宣言的十一個人，配上左上方藍色正方形及白色星星所組成。

▲西非的賴比瑞亞也是星條旗。

國旗左上角的藍色正方形代表非洲，一顆白色五角星是非洲自由的象徵，也表示是當時非洲的黑人獨立國。

因為賴比瑞亞是美國資助建立的國家，「不看僧面也看佛面」，在當年帝國主義盛行下，也就繞過這個國家，免於併吞。

在非洲還有另一個獨立國家，就是衣索比亞，非洲在撒哈拉沙漠以北都信奉回教，以南就是原始宗教，獨衣索比亞信奉基督教（國旗紅、黃、綠來自聖經啟示），與列強同一信仰，此一情結讓它不淪為殖民地。

▲賴比瑞亞總統泰勒曾來臺訪問。

▲權充小學老師在非洲克難教室上課（非洲之落後，非目睹難以相信）。

41 巴拿馬及賴比瑞亞是世界上船舶註冊最多的國家，因為這兩個國家跟美國淵源很深，美國可以直接間接動員所有船舶。巴拿馬與賴比瑞亞在其國內直接使用美元，因美國而成廉價設籍船的受理國。

▲巴拿馬及賴比瑞亞是世界船舶註冊最多的國家（在埃及蘇伊士運河拍攝）。

42 菲律賓曾是美國殖民地，故也有星條旗，亦是亞洲國家，所以有太陽。

太陽有八道光芒，表示獨立運動的八省，三顆星代表三大島，白色三角形象徵和平與純潔，藍色象徵忠誠與崇高，紅色象徵勇氣及愛心（在戰爭期間，紅在上、青在下，表示英勇氣慨）。又國旗上的白藍紅源自美國國旗。

▲曾受美國統治的菲律賓也有星條，通常有太陽圖案的也是亞洲國家。

43 菲律賓歷經西班牙、美國、日本之統治（很像臺灣數度易主），是亞洲國家中較早推動工業化的國家，國民所得高過日本，是臺灣數倍，到了馬可仕政權（1965～1986）長期執政，經濟失調，國勢逆轉，加上貪汙舞弊，貧富懸殊，大學畢業生淪為各國「菲傭」。看看菲律賓，再看看臺灣，未來會不會淪為「菲律賓第二」？

◀掛滿菲律賓國旗的蘇比克灣。

44 委內瑞拉國旗黃、紅二色源自西班牙色彩，加上青色代表隔大西洋與母國遙遙相對，八顆白色五角星是 1811 年（早中華民國一百年）獨立的八個省，也是典型的「星條旗」。

▲南美的委內瑞拉也是星條旗。

45 中美洲大部分都跟美國有關係，非洲的多哥雖也是星條旗，但是跟美國無關係，顏色是使用非洲色彩，五條橫線代表多哥有五個地區。

波士尼亞原為南斯拉夫聯邦一員。1992 年 3 月公投獨立，引來三年戰爭，死傷及難民無數，在歐盟協助下才得以獨立。為感謝歐盟，國旗底色及星星仿效歐盟。（黃色等邊三角形為表示境內三大民族和平相處）

▲非洲的多哥也有星條旗。

▶波士尼亞國旗與歐盟旗息息相關。

46 2008 年 2 月 17 日自南聯的塞爾維亞獨立的「科索沃」，亦是參考歐盟旗幟，使用青底、六顆白色五角星，代表境內六個民族，是歐洲唯二使用星星者。（科索沃進入聯合國之議題，因中、俄理事國反對，短期間難以進入）。

▲科索沃國旗。

47 國旗上有紅星或黃星者，並且以紅色為背景，就是共產國家。

▶國旗上有紅星或黃星者，大多是共產主義的國家。

48 1929 年亞歷山大親王任國王後，國名改為南斯拉夫王國，歷史上首次出現南斯拉夫的國家名稱，並於 1945 年 11 月 29 日宣布成立南斯拉夫聯邦人民共和國。1963 年南斯拉夫通過新憲法，並改國名為南斯拉夫社會主義聯邦共和國，其國旗上就有紅星。

南斯拉夫有「一、二、三、四、五、六、七」國家之稱。它是一個拼湊的國家、兩種文字、三個宗教、四種語言、五個民族、六個共和國、七個鄰國。在強人狄托巧妙手段、超凡魅力下而維持平衡，狄托 1980 年過世，各共和國問題漸次爆發。

▲未解體前的南斯拉夫國旗有紅星，代表社會主義，也代表五個民族組成國家。

▲在舊南斯拉夫首都貝爾格勒狄托紀念館拍攝。（內有其國旗）

49 蘇俄未解體前的國旗以紅色為背景，再加上黃星及斧頭、鐮刀。白俄羅斯在加盟蘇聯時，亦有相同記號。

蘇俄是全世界面積最大的國家，其次為加拿大、中國、美國、巴西、澳洲、印度、阿根廷、哈薩克、阿爾及利亞。

▲蘇聯未解體前，亦有紅星。

國旗小常識

南斯拉夫已成過去式，新國家已誕生！

　　南斯拉夫聯邦國會在 2003 年 2 月表決通過，廢止「南斯拉夫」這個國家的名稱，並以「塞爾維亞與蒙特尼哥羅」的新國號取而代之，而一個新歐洲國家也因而順利誕生。南聯國會是以四十八票贊成、三十一票反對通過這項表決，自動廢止 1992 年的南斯拉夫憲法。整個過程經過長達九個月的艱苦談判，讓南斯拉夫這個國家走入了歷史。

　　南聯在 1963 年成立，旗下有塞爾維亞、克羅埃西亞、斯洛凡尼亞、波士尼亞、赫塞哥維納、馬其頓及蒙特尼哥羅等六個共和國組成，隨著蘇聯解體與東歐劇變，其中四個相繼獨立。根據新憲法，塞、蒙兩個共和國可保有高度自治，而「塞爾維亞與蒙特尼哥羅」的成立，雖然避免了兩共和國的分裂與衝突，但新憲法也授權它們在三年後舉行獨立公投，這也是向來傾向獨立的蒙特尼哥羅政府所要求的一個關鍵憲法條款。

　　歐洲聯盟一直在推動有約一千萬人口的塞爾維亞，與人口僅六十五萬的蒙特尼哥羅保有聯邦關係，以維持巴爾幹半島穩定。2006 年 6 月 3 日各自獨立為兩個國家，沒有兵戎相見，也沒有惡言相向，和平分手。2008 年 2 月塞爾維亞境內的「科索沃」（Kosovo）又宣告獨立，所以南斯拉夫聯邦迄今已分裂為七個國家。

50　　共產黨過去標榜農工的政黨，在國旗上印烙鐮刀與斧頭，對抗三座大山——帝國主義、封建主義、資本主義，群眾就會幸福，大家各盡所能、各取所需，將是完美烏托邦。

　　中國國旗上大顆黃星代表共產黨國家，而其他四顆小星代表農、工、小資產階級、民族資產階級。各小星角尖對準大星中心，不言自喻，人民對共產黨的擁護、愛戴。中國是世界

▲國旗上的鐮刀和斧頭代表農工（蘇俄剛開放，進入時拍攝）。

上人口最多的國家，其次是印度、美國、印尼、巴西、俄羅斯。

中國的五星旗是在 1949 年公開徵選，獲選製旗者是曾聯松。毛澤東拿出這面五星紅旗說：「中國革命的勝利，就是共產黨領導下，以工農聯盟為基礎，共同奮鬥取得的，四顆小星表示人民大團結，反映中國革命的實際。」

◀中國大陸也有五顆黃星。

▶在北京天安門的五星旗（在六四天安門事件前一年首度到北京拍攝）。

51 到越南投資最多的國家就是臺灣。國旗上的紅色象徵革命所流的血，金星代表越南共產黨，金星的五角分別是工人、農民、士兵、知識分子、青年等五個階層。又有比喻是金、木、水、火、土五行，代表星星五角、生生不息。鐮刀與斧頭旗則為越南共黨旗。

▲左邊有鐮刀與斧頭為共黨旗。

52 越南曾和世界大國——法國、美國、中國打過仗，特別美國一出手，攻無不克，惟越南戰爭初嘗敗績，很典型的「小魚吃大魚」。現在臺商是越南投資的首位，在越南有舉足輕重的地位。

第二次世界大戰結束後，越南分裂南北越，南越國旗為黃底中央有三條紅色條紋，1975 年北越統一全越南。

◀越南國旗有顆大黃星。

▶赴越南投資考察（拜訪駐越經濟辦事處，持兩國國旗拍照留念）。

53 1948 年 9 月韓國正式分裂成二個國家，以北緯三十八度為界，南方的是大韓民國，北方的則是朝鮮人民共和國。北韓是典型的共產主義國家，國旗上有顆紅星（北韓與古巴為當今「純」共產國家）。

▲ 北韓國旗有顆紅星。

54 到現今為止，北韓的大學生依然穿制服，更不用說是中小學生，其帽子亦有紅星表示。

北韓道路極為乾淨，人車稀少，街上盡是招牌看板，內容大多以軍國主義思想教化人民。

進出北韓不准帶電腦、手機及高畫質照相機，旅途皆有隨隊監視人員。

◀ 大學生的帽子都有紅星。

▶ 北韓的市區。

55 安哥拉是共產社會主義國家，於 1975 年脫離葡萄牙成立安哥拉人民共和國。黃色星是社會主義的標誌，五個角分別象徵團結、自由、正義、民主和進步。柴刀代表農民，齒輪代表勞工。所以國旗上有「紅黃星」或「背景紅色」大多是共產主義。但現已改國號為安哥拉共和國，有意改換國旗。

安哥拉引進共產主義，所以與舊蘇聯國旗似曾相似，除了紅底黃星外，鐵鎚換齒輪，鐮刀換柴刀，農工緊密結合。

▲ 安哥拉國旗上也有黃星。

▶ 非洲的安哥拉初期引進共產主義，成立安哥拉人民共和國。圖右人物是古巴強人卡斯楚。

56 蒲隆地國旗綠色代表農業，白色代表和平，紅色代表犧牲，而三顆紅色六角星（共產主義是五角星，而蒲隆地及以色列是六角星）代表三個族群和平共存，共創「團結、奮鬥、進步」（UNIDADE LUTA PROGRESO）家園。此紅星非共產主義化身。

▲非洲蒲隆地國旗有紅星是例外。

57 另外，非洲吉布地國旗來自獨立運動團體非洲人民聯盟所用的旗幟，藍、綠、白三色加一顆紅星，紅星象徵團結，不是共產主義國家。

吉布地位非洲東北部，自然條件不佳，工農業基礎薄弱。

▲非洲的吉布地也有紅星是例外（圖像人物是總統）。

58 幾內亞比索國旗上有「非洲之星」，紀念幾內亞比索人民獨立運動的光輝歷程。紅色是熱血，黃色是希望，綠色是綠色大地（幾內亞比索的面積與臺灣一樣，都是三萬六千平方公里）。

▲幾內亞比索上有黑星，代表非洲。

▲迦納國旗上也有黑星。

59 迦納也有「非洲之星」，但是從紅、黃、綠三色就可以知道是非洲的特徵。紅色是烈士鮮血，黃色是礦產資源，綠色是欣欣向榮的農業。以前迦納又稱「黃金海岸」。。

60 聖多美有兩顆「非洲之星」，兩顆五角星代表聖多美與普林西比這兩個大島，而且非洲人的膚色正是這美麗淳樸的黑星。

紅色是烈士鮮血，黃色是肥沃土壤，綠色是可可樹林。

聖多美屬熱帶雨林，濕度大，被稱為「熱帶蒸籠」，近年幣值大貶，物價高漲，人民生活困苦。

▲聖多美國旗上有雙黑星。

▶聖多美有臺灣農耕隊。

C 月亮

61 國旗上有月亮的國家，絕大部分是回教國家。土耳其是回教國家，弦月抱星也是回教的象徵符號。

▶土耳其國旗上有月亮，代表是回教國家。

62 傳說穆罕默德在一個掛著上弦月的晚上受到天啟，得到阿拉的旨意並撰寫出可蘭經，他原本是個不認識字的人，經過那一天之後，變成回教的先知。回教與基督教同為一神教，也是世界性的宗教。

▲傳說穆罕默德在一個掛著上弦月的晚上受到天啟。

63 另一個說法，以前馬其頓大軍（亞歷山大帝父親腓力二世）來攻打，兩軍相持不下，兵困馬乏。有一次趁著夜黑風高的晚上準備突襲攻城，烏雲密布的天空，突然露出上弦月，月光之下，看到萬頭鑽動，守軍吹起號

角，攻出城外，大破敵軍，此後上弦星月就成為鄂圖曼帝國的圖騰。

土耳其在中世紀是稱霸一時的泱泱大國，後來土耳其鄂圖曼帝國十分強大，直搗歐洲維也納，全歐震驚，歐洲人為了洩恨，發明「牛角麵包」來啃（取自土耳其國旗上的彎月）稱之「可頌」（croissant），如岳飛滿江紅歌詞：「饑餐胡虜肉，渴飲匈奴血。」

▲ 參觀土耳其鄂圖曼帝國展示館，軍功赫赫。

▲ 鄂圖曼帝國因上弦月光而擊退敵軍。

十三世紀，阿拉伯人的勢力衰退而沒落，而土耳其人建立鄂圖曼帝國，統治大部分阿拉伯世界，1453 年還滅掉東羅馬帝國。土耳其建立橫跨亞歐非的帝國，第一次世界大戰後帝國瓦解，成立共和國，仍繼續使用這面國旗到今天。

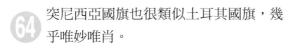

▶牛角麵包就是土耳其國旗彎月的化身。

64 突尼西亞國旗也很類似土耳其國旗，幾乎唯妙唯肖。

1574 年曾歸入鄂圖曼土耳其帝國版圖，深受土耳其影響。

▲受土耳其影響很深的突尼西亞也有上弦月。

Plus

因為鄂圖曼帝國強盛，影響甚大，很多回教國家的國旗都有使用月亮，如馬來西亞、舊葛摩、馬爾地夫、阿爾及利亞、巴基斯坦、茅利塔尼亞，所以回教國家很多都有上弦月。

馬來西亞

葛摩（舊旗）

馬爾地夫

阿爾及利亞

巴基斯坦

茅利塔尼亞

65 筆者曾經到突尼西亞留影，國旗上的人物是突尼西亞總統阿里，執政二十七年，2011 年 1 月 14 日政變流亡。

北非的突尼西亞以前是航海經商第一等的腓尼基人。在世紀前與羅馬爭霸戰，先勝後衰。

現在的突尼西亞也是回教國家，比起中東諸國開放許多。

▲筆者在突尼西亞留影。

66 蘇俄解體後，中亞國家紛紛獨立，其中亞塞拜然受土耳其影響深遠，所以國旗紅色上亦有新月和八芒星。綠色也是回教之象徵，而青色代

表裡海，是世界最大鹹水湖，約臺灣十倍，出產鱘魚，製成魚子醬名產，還有豐厚的裡海石油。亞塞拜然又稱「裡海之珠」。

▶中亞的亞塞拜然是回教國，亦有上弦月
（攝於亞塞拜然處女塔內）。

67 土庫曼國旗左邊圖案代表跪拜地毯，綠色以及新月、明星是回教傳統象徵。

中東的游牧民族以羊毛編織地毯，由於國教不能有偶像，所以地毯設計幾何圖形或抽象圖案，織工自幼養成，身懷絕技。它有很多用途，是不可缺少的家具，特別是清真寺鋪滿地毯。

▲土庫曼亦是。

國旗上有民族色彩花紋的，還有白俄羅斯、哈薩克，均隸屬舊蘇聯。因為它不能省略，堪稱世界最難畫的國旗。

◀中東地毯。

68 烏茲別克國旗左上方的新月和明星也是回教象徵。十二顆星代表十二州。星星數之多僅次於美國、巴西，與歐盟旗一樣多。

烏茲別克有四金：白金（棉花）、黃金、黑金（石油）、藍金（天然氣）是其經濟四大支柱。

▲中亞的烏茲別克也有上弦月。

69 中亞的烏茲別克、塔吉克國旗上的白色，象徵棉花的顏色，是主要的經濟作物，大量出口，並是編織地毯的原料。（世界棉花主要出口國：美國、烏茲別克、澳洲、土庫曼等）

▶ 中亞的烏茲別克及塔吉克均盛產棉花。

70 阿爾及利亞是非洲第一大國，國旗上也有上弦月及五稜星，盛產石油及天然氣。回教國家最大信仰就是每個禮拜五上清真寺朝拜。清真寺規模大小以建築物上面柱子為基準，世界上最大的是麥加，也是世界上唯一有七根柱子的建築物。在土耳其索非亞清真寺及藍色教堂有六根，其餘各國均為一至五根不等。

▲ 回教國家都有宏偉的清真寺。

71 回教國家幾乎盛產石油。有人打趣說：「凡信回教就有石油」，舉凡中東、北非，在東南亞的三回教國家——馬來西亞、印尼、汶萊皆有石油。中國石油最多的地方在新疆塔里木盆地，不就是漢滿蒙「回」藏嗎？美國雖不信奉回教，但產油地冠上「阿拉」斯加，博君一笑！

▲ 遠在北非的阿爾及利亞也有石油，看到沒？左上角的國旗在飄揚（圖為該國石油公司）。

72 筆者在中東旅遊時看到民間試探油井，設備簡陋，隨意挖取就有石油噴出，可見油田之豐富。

中東或中亞人民，非常好客，時常傾巢而出，熱情招待，使人有賓至如歸之感。

▲中東人民十分好客。

◀隨便挖就有石油。

73 馬來西亞國旗有月亮表示回教國家，紅白條紋有十四條線。國旗上十四條紋和美國十三條紋不一樣，代表十四州，包含新加坡及東馬的沙巴、沙勞越在內，但是新加坡已經獨立，因此以馬來西亞首都吉隆坡為代表。

▲馬來西亞是回教國家，也有上弦月。

在馬來西亞的飯店房間內，都有一箭頭指示方向，一問之下，才知是聖城麥加的方向，方便回教徒朝此方向跪拜。因麥加在馬來西亞的西邊，所以「東方不敗（拜）」拜西方，一笑。

馬來西亞吉隆坡湖濱公園的國家紀念碑，有個巨大的銅雕像，紀念保衛國家的英勇烈士，高舉著馬來西亞的國旗，寰宇飄揚，肅然致敬！此銅雕與美國「浴血硫磺島」紀念雕像，出自同一設計師。

▲上面的箭號是朝麥加方向跪拜使用。

▶馬來西亞烈士高舉國旗雕像。

74 馬爾地夫是位於印度洋上的群島國家，面積僅〇‧〇三萬平方公里，人口約三十萬，絕大多數是同村的遜尼教派，國旗上亦有綠底白彎月。漁業、旅遊及船運為經濟三大支柱，全國有一百萬棵椰子樹。

▲

▲印度洋上珍珠──馬爾地夫信奉回教。

75 獅頭魚身是新加坡典型特徵，新加坡在梵文就是「獅子城」之意，它有一個傳奇故事。十九世紀為英國萊佛士發現，慢慢開發成東南亞轉口港，後來在李光耀（2015 年 3 月 25 日逝世，享年 91 歲）總理主政下，以廉潔、清潔、效率、法制著稱，轉變成一富裕的已開發國家，以小國寡民創造新加坡奇蹟。

▲獅頭魚身是新加坡的圖騰。

76 新加坡國旗是華人世界，竟然有月亮，原來這是有典故的，因為新加坡原來是馬來西亞國家的一州，州旗大多有代表回教的月亮，獨立後州旗變為國旗。

▶新加坡原來是馬來西亞的一州，州旗大多有代表回教的月亮，獨立後州旗變為國旗。

77 因此，新加坡是「非」回教國家有月亮的國旗。

新加坡國旗可解讀成「新月象徵國家，五顆星星分別代表民主、和平、進步、正義、平等五項意義」。

▲新加坡國旗上也有月亮，唯一「非」回教國家。

新加坡雖是新國家，建國理想——民主、和平、進步、正義、平等，近十年來社會十分守法，企業活動與國家利益結合，政治穩定，貿易發達，文化水準高，被喻為最有競爭力的國家。

▲新加坡把國家當企業在經營。

D 地球

78　　葡萄牙國旗是紅配綠的單對比色，國旗上有地球的是以葡萄牙為代表。紅色代表紀念海上開疆拓土的遠航者流血流汗，綠色代表希望與誠實，二色中間是航海渾天儀，也代表地球儀。葡萄牙國旗又稱郵筒旗，紅色是限時，綠色是平信。

▲國旗上有地球的是以葡萄牙為代表。

79　　葡萄牙的亨利王子（Prince Henry 1394~1460）為培養航海人才，興建專門學校，開創後來大航海時代，被稱為航海王子。1960 年（亨利王子死後五百年）在里斯本建立塑像，在十六世紀葡萄牙足跡遍及全球。

▶葡萄牙在十六世紀時曾是海上霸主（雕刻群像下有個地球儀）。

80　　1496 年，西班牙與葡萄牙雙雙稱霸海疆，在教皇亞歷山大六世斡旋下，於勢力範圍西經五十度，劃分界線，史稱「托爾德西里亞斯條約」（Treaty of Tordesillas）。在當時，如果世界切成兩半，則東半球屬於西班牙的領地，西半球就是葡萄牙領地。當時葡萄牙在地球上叱吒風雲，威名遠

播，所以把地球當作其國旗標誌，可惜小國寡民後繼無力。

　　1498 年葡萄牙人達伽馬繞過好望角，找到新航路直達印度，所以在莫三比克、安哥拉、聖多美、幾內亞以及澳門、東帝汶建立了據點，得到象牙、黃金、奴隸，甚至到中國、印尼、日本取回四大香料──丁香、胡椒、肉桂、豆蔻。並在南美洲取得比葡萄牙大 N 倍的巴西，有人說十六世紀就是西葡的世紀。

▲ 葡萄牙跟西班牙各分占半個地球。

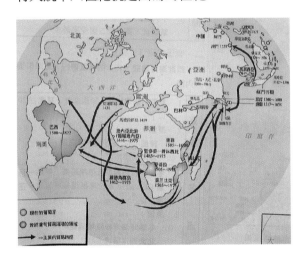

◀ 所以葡萄牙有很多海外殖民地。

81　　1500 年葡萄牙人卡布那（Cabral）所率領的船隊因航道錯誤，意外到達巴西。葡萄牙最大屬地是巴西，國旗上也有顆地球。注意看唷！有南十字星出現在南半球中間，細數有二十七顆星，代表首都巴西利亞及二十六州。

▲ 葡萄牙最大殖民地──巴西也有地球，也有南十字星。

82　　巴西咖啡大部分是機械化採收，部分為人工，而且大規模經營。巴西咖啡濃中帶酸，甘滑順口，餘味舒活，與藍山咖啡、曼特寧咖啡、摩卡咖啡齊名。

產量占世界的四分之一，其次為越南、哥倫比亞，印尼則排名第四；也就是說，我們每喝四杯咖啡，就有一杯產自巴西。

　　世界咖啡消費國依次為美國、巴西、德國、日本、義大利、法國、俄羅斯及西班牙等。

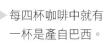

◀巴西是世界咖啡第一產地。

▶每四杯咖啡中就有一杯是產自巴西。

83　　嘉年華會是巴西里約、聖保羅的一大盛事，爭奇鬥艷、熱鬧非凡，是參觀重點。嘉年華會時間相當於我國的農曆過年前後，為期五天，盡情熱歌勁舞，展現成果，除森巴舞外，還有各式團體表演，豪華風格，相當特別。

　　嘉年華會最初由葡萄牙殖民者引入，又融進非洲各民族文化，展現特有色彩與音樂，尤其是森巴舞（Samba），是一種節奏、一種舞蹈，在表演比賽中帶來極大的興奮。

▲巴西的嘉年華盛會熱鬧非凡。

▶筆者與森巴舞女郎合影。

84　　伊瓜蘇瀑布位於巴西、巴拉圭、阿根廷交界，高八十二公尺，寬四百公尺，比美加的尼加拉瓜瀑布大四倍，是世界第一大瀑布。

　　世界第二大瀑布則是辛巴威的維多利亞瀑布；第三大是美國與加拿大交界的尼加拉瓜瀑布，很值得一看。

這是一張羅馬尼亞在 2000 年發行的二千元鈔票，被選為當年最漂亮的紙鈔。正面有 1999 年 8 月 11 日九大行星排成一排，千年難得一見。背面是國土及國旗顏色，全世界唯有在羅馬尼亞劃線區才能完整看到。這張鈔票有日月星辰及國旗，就當本單元之句點吧！

▲巴西有世界上最大的伊瓜蘇瀑布。

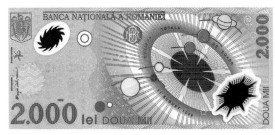

◀羅馬尼亞九大行星排一列鈔票。

▲世界第二大瀑布──辛巴威維多利亞瀑布，還有彩虹喔！

叮嚀小語

　　我們在下方整理出依日月星辰加上地球做分類，說明分辨國家的祕訣，請再複習一下吧！

分類	國家
太陽	1.亞洲國家。 2.南美洲國家（有臉譜）。 3.換日線國家。 4.非洲赤道附近國家。
星星	1.南十字星——南半球國家。 2.星條——與美國相關國家。 3.紅、黃星——共產國家。 4.黑星——非洲國家。 （星星一般都是五芒星，而蒲隆地、以色列是六芒星，澳大利亞、約旦是七芒星，亞塞拜然是八芒星，諾魯是十二芒星，馬來西亞是十四芒星，馬紹爾則有二十四道光芒）
月亮	回教國家（新加坡、蒙古、尼泊爾除外）。
地球	僅葡萄牙及巴西。

Notes

第四章 04　用十字看國旗

Ａ 東方正教

① 在古代罪大惡極的犯人會被施用「十字架」刑。行刑時，用繩子把犯人綁在十字刑具上，把手腳用釘子釘上處死。當年耶穌就受十字架刑，所以十字架是耶穌背負眾生罪愆的象徵，也是自覺覺人、人溺己溺的精神。

在國旗上出現十字架的頻率很多，現在就一起來認識這些國家吧！

▲從十字架也可以認識很多國家（在捷克布拉格查理橋拍攝）。

② 當耶穌升天後因地緣關係，其門徒就在近東如希臘、土耳其等東羅馬帝國及南歐義大利、西班牙、西羅馬帝國等地中海附近傳教。

由於整個地中海區風平浪靜適於航行，又在羅馬帝國大一統下暢行無阻，再加上帝國苛政下，人民被壓制，傳教就如火如荼蔓延開來。

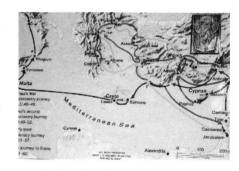

▲耶穌升天後，其門徒就在近東以及南歐地區傳教。

③ 在近東最有名的是聖保羅，他的手中有一把長劍，代表揮劍斬群魔，不斷以基督教義向異教徒的希臘人宣揚教義。他布道的名言：「凡事包容、凡事相信、凡事盼望、凡事忍耐，愛是永不止息的。」

◀在近東最有名的是聖保羅，手持長劍（揮劍斬群魔）。

4 希臘是多神教故鄉且文明高，在西元前 776 年，希臘已開始有奧林匹克競賽，取悅群眾，所以不容易傳教。

▶近東的代表是希臘（背後為雅典娜女神殿）。

5 改歐元之前，希臘鈔票有海神及太陽神等，所以是一個很重視希臘文明的國家。希臘被喻為「歐洲文化的搖籃」。

希臘神話中常被提到的有：1.天神宙斯（Zeus）、2.天后希拉（Hera）、3.海神普西頓（Poseidon）、4.太陽神阿波羅（Apollo）、5.月神黛安娜（Diana）、6.愛神維納斯（Venus）等。

▲希臘是多神教國家。鈔票上人物是保護女神「雅典娜」（Athena）、海神普西頓（Poseidon）。

6 聖保羅殉教幾個世紀，教難不斷，終於在希臘建立基督教文明，俗稱東方正教，從一邊緣宗教成為世界性宗教。東方正教的十字架和羅馬公教的十字架不一樣。其十字架是 1：1，顏色以藍白色為代表。

羅馬天主教十字架是 1：1.6，東方正教（希臘正教）也傳至羅馬尼亞、阿爾巴尼亞、塞爾維亞、馬其頓、烏克蘭、保加利亞、喬

▲後來傳教成功，希臘變成東方正教。

治亞、俄羅斯等，各總主教沒有從屬關係。而羅馬公教是大一統。鳥瞰東方正教教堂呈十形，橫直比例是 1：1。鳥瞰天主教教堂成十形，橫直比例是 1：1.618（黃金比例）。

◀這是東方正教教堂。

▶這是天主教教堂。

7 由於希臘三面環海，愛情海、伊奧尼亞海、地中海環繞，也有不少島嶼，象徵愛琴海裡充滿著藍天白雲、白屋碧海，所以國旗以藍白色為代表。

▶國旗上的藍白色代表愛琴海及天空。

8 中亞喬治亞原有黑、白、褐三色的國旗，2004 年 1 月改換新國旗，國旗上除一大十字外，另有四個小十字，小十字比例是 1：1，代表是「聖喬治亞」十字，聖喬治亞是十字軍東征名將而被封聖，大十字架是梵蒂岡，四小十字分別代表出兵的英、法、德、西班牙。十字架上的聖像是平面的。

▲喬治亞國旗。

9 斯洛伐克國旗上有雙十字，又稱波特涅主教十字架，是斯拉夫民族信仰東方正教的聖物，由兩個正「十」相接，正「十」是代表東正教。

▲雙十字也代表國王的象徵。

⑩ 雙十字也代表國王的象徵，意思就是國王的權利來自上帝旨意，即君權神授，所以國王也是聖人之一。所以在歐洲國家，到處都可以看到國王舉著雙十字。

▶ 國王高舉雙十字架。

▲ 東方正教不崇拜偶像，不准有雕刻品（在梵蒂岡聖彼得教堂內拍攝）。

⑪ 希臘正教（東方正教）不崇拜偶像，不准有雕刻品，這是他們與天主教不同的地方，不像天主教中的巴黎聖母院、梵蒂岡聖彼得教堂、西班牙巴塞隆納聖家堂、德國科隆教堂、義大利米蘭教堂等，裡裡外外都妝點了許多雕像。

▲ 東方正教只能允許平面彩繪。

⑫ 相形之下，希臘正教的教堂則顯得清爽俐落，只容許平面之繪畫及鑲畫等聖像。

東方正教原先與猶太教、回教一樣不崇拜偶像，後來以平面聖像為上限，仰望聖像如同神的存在，加深信仰，且以前識字者不多，就把它當「牆上聖經」來教導，沒有雕塑，只有畫像，又稱「拜占庭藝術」。

又在胸前手畫十字狀，東方正教是「上下右左」的順序，而天主教是「上下左右」。

⓭ 早期東方正教是政教合一，政治領袖同時也是宗教領袖。如同伊朗什葉派回教、西藏喇嘛教都是政教合一。

東方正教的教士都蓄鬍，穿華麗教服，信徒做禮拜是站立而不是坐著祈禱，所以教堂內空曠沒有座椅。

▲東方正教教士都蓄鬍，正式場合著華麗教服。

⓮ 東方正教比較重視復活節（受害後三日復活，重現人間），一個人之所以偉大是因為復活代表神格。天主教則重視聖誕節，因此是兩個不一樣的節慶。此外，東方正教的聖域是「君士坦丁堡」，天主教（基督教）的聖域是「耶路撒冷」。

▲東方正教重視復活節勝於聖誕節。

⓯ 東方正教受洗是到河水、海邊或水槽泡浸洗禮（浸水式），才表示真正脫胎換骨，而天主教、基督教僅象徵性受洗（注水式）。

在舊約聖經並沒有洗禮，到新約聖經就有施洗約翰。以後「受洗」是從慕道到明白聖經真理，願意接受耶穌基督為救世主，全身入水式舉行，象徵舊生活結束，基督徒新生活展開。

▲耶穌在約旦河受洗之畫像（在白俄羅斯明斯克東方正教教堂拍攝）。

B 天主教

16 梵蒂岡國旗顏色是金色和銀色，與瑞士國旗一樣，呈正方形，印象中的國旗都是長方形的，其國旗十字比例是 1：1.618。1909 年 2 月，義大利莫索尼里政府與教廷簽署「拉特朗」條約，正式承認其國際地位。梵蒂岡是世界最小的國家，面積只有〇‧四四平方公里，人口只有二千人，但這裡擁有世界十億人以上信徒。

▲ 這是梵蒂岡國旗。（與瑞士同，長寬比 1：1）

17 在梵蒂岡的聖彼得手中拿有一把金銀鑰匙，是打開天國之門的鑰匙。

聖彼得在羅馬傳教被尼祿（Nero）皇帝以倒掛十字架（頭朝下）方式處死，他是在羅馬建立教會的創始人，後繼者尊稱他為首任教皇。教皇的產生，原則上都採公平選舉方式，而未用世襲或指定方式，或許正是羅馬教皇能存活到今日的理由！

▲聖彼得手持鑰匙，表示打開天國之門。（在保加利亞索非亞教堂拍攝）

18 在天主教世界，每一個聖者都拿著不同的法器，代表不同的身分地位。在法國聖母院教堂外，有二十八尊希伯來聖者雕像，被稱「由巨石組成之交響樂」。反映對美好生活的嚮往與追求。

▲不同聖者的手中會拿著不同的法器（在巴黎聖母院拍攝）。

19 筆者在絲路途中看見佛教世界中，拿長劍及琵琶代表風調雙神，手中拿雨傘及玩蛇代表雨順雙神，這四大天王代表風調雨順，祈求國泰民安。天主教世界有很多聖者，手中都會拿一法器，類似佛教（在埔里中台禪

寺就有四大天王之巨像）。

　　佛教正規建築，造入山門就有天王殿，中坐彌勒佛，笑臉迎人，旁邊有東西南北四大天王。東方持國天王：手持琵琶，用音樂使眾生皈依佛教。南方增長天王：手握寶劍，保護佛法不受侵犯。西方廣目天王：手握赤韻，不信佛法，化索捉拿。北方多聞天王：右持寶傘，護持人民財富。

◀佛教中拿長劍及琵琶代表「風」「調」雙神。

▶手中拿雨傘及玩蛇代表「雨」「順」雙神（在中國絲路之旅拍攝）。

20 天主教有嚴密的組織，神職人員不可以結婚，必須將自己奉獻給天主教。迄今仍為全世界五億六千萬天主教徒的精神領袖。

　　現任教皇方濟各（2013 年 3 月 13 日就任），出身阿根廷，第一位來自美洲及南半球教宗。

　　中古世紀教會力量很大，教皇權力比一國國君更大，所以是「政教分離」（早期東方正教是政教合一）。

◀天主教有嚴密的組織，神職人員也必須要獨身。

▶天主教教皇位階在國王之上。

21 當時拿破崙不可免俗的請教皇加冕，即使他已經叱吒風雲，赫赫有名，仍須依照習俗，表示其正統。

　　▶就連有名的拿破崙登基，也要請教皇來見證。

22 天主教一般都有宏偉的大教堂，相對於基督教，東方正教就比較樸實，梵蒂岡聖彼得教堂是屬於羅馬式建築的一種。

壯麗輝煌的聖彼得教堂始建於十六世紀，由米開朗基羅參與設計，建築採用文藝復興的古典風格，內部是巴洛克式豪華裝飾，貴為世界之最。

▲ 世界規模最大的聖彼得教堂（梵蒂岡），自 1506 年動工，至 1626 年完工。

23 西班牙巴塞隆納的哥德式聖家堂教堂，表示上達穹蒼，以接近上帝。

此為高第（Gaudi）所設計，經百年仍在興建中。不同於梵蒂岡聖彼得教堂的寬闊廣大，聖家堂追求的是高聳入天。

◀西班牙巴塞隆納教堂。

24 義大利米蘭杜奧莫大教堂以屋頂一百三十五座尖塔最吸引人的目光，整座教堂之優美壯麗令人歎為觀止。它是歐洲三大教堂之一，吸引世人目光，遊人絡繹不絕。

◀義大利米蘭大教堂。

25 天主教教堂都是彩繪玻璃，從外頭看烏漆麻黑，表示如果不信教，你的人生將會是黑暗的。但一進入教堂，內部五顏六色，五彩繽紛，意思是人們應該入門信教，人生將由黑白變為彩色。

▶教堂都用彩繪玻璃，外表看起來是烏漆麻黑的（德國科隆大教堂）。

26 彩繪玻璃通常有藍、紅、綠、橘等鮮明顏色，十四世紀後彩繪玻璃開始用於哥德式大教堂或是基督教建築。在教堂中以彩色玻璃投射出來的彩虹色，見證了人與神的和解、神的原諒。彩繪玻璃的內涵亦是描述十字架開始不被重視，終至完全勝利，以及人群由憤怒暴戾而趨平和謙虛的過程。

◀彩繪玻璃大多是描繪耶穌一生的行誼（耶穌出生）。

▶耶穌復活的彩繪玻璃（攝自巴黎聖母院）。

27 天主教也崇拜聖物，如聖十字架、聖釘、聖布。

▶天主教也崇拜聖物。

28 其實聖物崇拜的情形在佛教中也很常見。幾年前，從大陸西安引進佛骨（釋迦牟尼的手指），還派武僧保護。

事實上，包含佛祖的頭髮、舍利子等聖物都是，在緬甸就有蓋大金塔崇拜佛祖八根頭髮，斯里蘭卡的佛塔也供奉佛祖的佛牙。

▲佛教也有聖物崇拜（圖上是佛祖的手指）。

▶緬甸大金塔，內藏佛髮。

29 傳說中佛陀火葬後的佛牙，在四世紀輾轉到斯里蘭卡，佛牙成了王權象徵，現收藏於坎迪（Kandy）佛牙寺，每年八月月滿盛大遊行，為佛教界一大盛事。

▶攝於斯里蘭卡坎迪的佛牙寺內。

30 中日戰爭（1942年）日軍在南京雨花台掘獲唐三藏頂骨，部分迎回日本崎玉縣慈恩寺供養，後中日復交，數度商談，同意再分出靈骨供養於日月潭玄奘寺，裨益信徒膜拜，亦屬聖物崇拜。

▲臺灣日月潭玄奘寺供奉唐三藏靈骨及舍利子。

▲此為典型聖母昇天圖（8月15日）。

31 天主教（東方正教也是）不僅崇拜耶穌，也將耶穌母親尊稱為聖母瑪麗亞，相信聖母瑪麗亞是永遠的童貞女子，她是耶穌生母，而耶穌是聖子，童貞瑪麗亞便是當然的聖母。聖母瑪麗亞死後，門徒將她用棺材封起來，但有一門徒太晚趕回，強烈要求見最後一面，打開棺材發現遺體不見了，聖母與耶穌一樣，靈體一起昇天，所以這一天（8月15日）稱聖母昇天日，很多天主教、東方正教國家定為國定假日。

32 耶穌門徒亦封聖（在佛教、天主教，聖者頭上都發光）。

▶耶穌的門徒也具有神格。

33 甚至有功、為國殉難犧牲者都可以封聖，最有名為法國聖女貞德、2005 年過世的保祿二世教皇也被封聖（中國的「封神榜」亦有此意味）。

▶對宗教犧牲奉獻也可以封聖（攝自巴黎的聖女貞德像）。

34 德蕾莎修女（Mother Teresa of Calcutta）1910 年 8 月 27 日出生於馬其頓首都斯哥比耶。18 歲加入勞來多修會，後派遣至印度傳教，並為窮人服務。1979 年獲諾貝爾和平獎，1997 年 9 月 5 日逝世。印度國葬之，日後亦封聖。

▲舉世敬重的德蕾莎修女死後亦封聖。（攝於馬其頓誕生紀念館）

35 馬爾他國旗上有十字，表示其為天主教國家。

◀馬爾他國旗也有天主教的十字。

36 馬爾他位於義大利西西里島和北非之間的一個小國，面積約三百一十六平方公里。位處大西洋通往地中海東部及印度洋的海上要衝，有「地中海心臟」之稱。

▶ 馬爾他國土很小，在義大利西西里島之下。手持之馬爾他國旗係在當地購買，居然是 Made in Taiwan。

37 1989 年美國總統老布希和俄國總統戈巴契夫曾在此簽訂廢除核子武器協定（CTBT）及戰略兵器削減條約（START），因此馬爾他聲名大噪。所謂「山不在高，有仙則名；水不在深，有龍則靈」。

▲ 美俄兩強曾在此簽訂廢除核子武器協定。

38 羅馬帝國在狄奧多西一世駕崩後，分裂成東、西羅馬帝國，宗教也分成東方正教及羅馬公教（天主教）。東方正教和羅馬公教分裂一千六百多年，直到 2000 年，兩位主教才相見歡。

▲ 東方正教和天主教漸行漸遠，直到 2000 年兩位教主才相見歡（錄自亞美尼亞 Echmiatsin 大主教堂）。

39 教皇利歐十世（LeoX）為募集財源，蓋聖彼得教堂，所以廣發贖罪券，意思是人都會犯錯，任何宗教死後都會審判，從埃及最早開始，佛教、道教等都強調輪迴，但是猶太教及天主教是不主張輪迴，而是主張上天堂或下地獄。教堂利用人性弱點，買贖罪券，減輕罪惡。

天主教承認「天堂」、「地獄」還有煉獄，基督教則只主張前兩者。

◀在宗教世界裡，行善事會上天堂，行惡事會下煉
獄——火焰是赤紅，當升到攝氏一千度以上，變
成爐火純「青」（blue），熾熱難以承受，讓死
後受盡苦楚。

40 贖罪券乃中古羅馬教會對犯罪之人予將
功贖罪的機會，也免於死後的煉獄，贖
罪方式有善行、救濟、參加十字軍聖戰，如此
可抵減死後刑罰。後來教皇利歐十世為蓋聖彼
得教堂，大發贖罪券來籌款，宣稱可將親人或
自己從煉獄火焰中救出來。馬丁路德帶領其教
派提出對贖罪券省思，並做宗教改革。

▲教堂贖罪儀式（於瓜地馬拉
天主教堂拍攝）。

目前天主教的洗禮、聖餐、懺悔、臨終塗油等皆是贖罪儀式。

在臺灣也常看到繳錢點光明燈，消弭犯太歲禁忌。

太歲仍一凶神，所謂「太歲當頭，無喜必禍」，當年生相為「正沖」，
必須「安太歲」化險為夷。又點「光明燈」，會祈求平安，財源廣進，學業
有成……。

◀在臺灣也有繳錢點
光明燈消災解厄的
習俗。

▶日本廟宇也有消災
解厄「料」。

C 基督教

41 德國的馬丁路德（Martain Luther）為此宗教革命，對教會販賣贖罪券嚴加批判，動搖教會及教皇至高無上的地位，並創立了新的基督教，俗稱基督教長老會。以前天主教一定要用拉丁文，認為這樣比較傳神。但在德國的馬丁路德之後，就會用當地語言書寫聖經，例如可以用德文、丹麥文、中文等接觸平民，讓更多人了解其意義。就如同回教可蘭經用阿拉伯文、佛教用梵文、東方正教用希臘文一樣。

▲天主教的聖經一定要以拉丁文書寫，基督教則改成可以用當地語言來書寫（最早的聖經原文是希伯來文及希臘文，在383年由希耶羅尼莫斯翻譯為拉丁文，視為最公信版本）。

42 馬丁路德宗教在1526年也傳到北歐國家，在統治境內推行宗教改革，為了捍衛新教，曾發生三十年（1618~1648）宗教戰爭。

▶長老會除了德國以外，也傳到北歐五國（圖為北歐航空，機身有五國國旗）。

43 北歐國旗非常類似。丹麥是紅底白十字，挪威是白十字中加入藍十字，芬蘭是白底加入藍十字（皚皚白雪加千湖之國），瑞典是藍底加金十字，冰島則是藍底白十字中加入紅十字，紅色代表火山。

▲北歐國家國旗「大同小異」，都有一個橫的十字。

北歐五國國旗雷同，「大同小異」可以猜個地方，答案就是男女廁所──大號相同，小號不一樣，博君一笑。

另外，挪威國旗藏有另6國國旗，你找到了嗎？（答案：荷蘭、法國、芬蘭、波蘭、印尼、泰國）

◀其實「大同小異」可以猜一個地方，就是男女廁所
（大號相同，小號不一樣）。

44 北歐國家靠近北極，所以長時間冰天雪
地。北歐有永晝永夜的特殊奇景，仲夏
太陽不落，稱為「永晝」；隆冬太陽不升，稱
為「永夜」。

　　瑞典人傳稱「聖女」——露西亞在 12 月
30 日夜晚會降臨人間，在首都斯德哥爾摩，
這一天早上十點太陽才日出，下午三點就日
落；但從這一天以後，長夜日漸縮短，白晝日
漸延長。人們滿懷喜悅慶祝露西亞女神送來光
明。

▲北歐諸國長時間冰天雪地。

▶但在夏天晚上天色還是亮著，
　也就是所謂的永晝現象。

45 北歐福利制度鼎鼎有名，所謂禮運大同
篇：「老有所終，幼有所養」的理想境
界，人們從出生到死亡各階段都有無微不至
的照顧。北歐是社會主義，以向人民所收的
稅金，使老老少少都受惠。

　　當太陽照射過來通過北極稀薄酷冷的高
氣層，造成放電，產生瑰麗發光現象，白中
帶綠，白中帶黃，白中帶紅，蔚為奇觀。

◀運氣好的話，在北歐北角可以看到神祕的北極光。

▶北歐福利健全，老有所終，幼有所養。

46 瑞士是另一個國旗上有十字圖案的國家，採行東方正教的 1：1 十字。法國喀爾文教派傳教到瑞士，產生新舊教對立，1529 年爆發內戰，史稱「卡佩爾戰爭」，陷入分裂，後來達成和解，爾後瑞士人永不介入戰爭。

▲瑞士是另一個國旗上有十字圖案的國家，比例為 1：1，是屬於基督教浸信會。

瑞士始終未曾加入國際聯盟和聯合國，近年來瑞士政府認為其與聯合國有相同目標，致力於和平、安定、消弭貧富懸殊差距等議題，2002 年 2 月成為聯合國第一百九十個會員國。

瑞士比臺灣略大，內陸山國，沒有天然資源，但發展高品質、高價值產品，銀行及保險極為進步，全國整治成世界公園，是一小而美、小而富、小而強的典範。瑞士四周為歐洲大國——德、法、義、奧國，為生存必須保持中立，但做很多備戰準備，「武裝中立」的立場。

▲瑞士的金融街。

47 瑞士是永久中立國，1863 年瑞士商人杜南（Dunant）成立人道救援組織，戰爭時以悲天憫人的情懷救助傷患，後來以瑞士國旗紅白對換作為紀念，變成家家戶戶熟悉的紅十字（the Red Cross），紅色代表為傷者服務，白色代表平安。

◀現在紅十字是瑞士國旗紅白對換作為紀念。

48 紅十字就是救護代表,看到紅十字車子就代表那是一台救護車。紅十字在戰場上是受到保護的,中立救援組織以此標誌向敵對雙方表示識別,是不可以攻擊的。

▶看到紅十字車子就是看到救護車。

49 在回教國家,不能使用紅十字,因為月亮是回教的特色,所以用回教傳統紅新月(Red Crescent)來代替紅十字。

以色列也提出國旗上以「紅色大衛六角星」做標誌申請,一直受回教國家反對,現以「紅水晶」代之。

▲回教國家不能用紅十字,所以用紅月來代替(圖為醫院)。

50 在回教國家的飛機上,救護箱是紅月亮。

▶圖上為回教救護箱的標誌。

51 東非肯亞最早受到阿拉伯回教國家生意往來影響信仰了回教，又受到西方國家殖民，也有部分人信仰基督教，所以救護車會出現兩種標誌。

▶救護車上紅十字及紅新月並存。

52 基督教強調三位一體，所謂三位一體就是聖父、聖子、聖靈，嚴格一神教的新教（Protestantism），所以聖母瑪麗亞是人而非神格，當然也沒有封聖儀式。會強調聖母瑪麗亞的，是天主教。

基督教認為童女瑪麗亞把身體獻上被主使用，讓耶穌到世間來，二者是母子關係，她和其他信徒一樣，只是一個人而已。

▲基督教強調一神教，所以聖母是人，不是神。

53 教士可以心靈溝通，而且不必蓋宏偉教堂，如前述之聖彼得教堂、米蘭教堂等，甚至不強調獨身，可以結婚。也不會因男女生理結構而有所限制，因此也有女性傳教士，不像天主教，男女地位不平等，只有男性的教宗、樞機主教、大主教、主教，女性有被矮化的現象產生。有趣的是天主教神職人員不忌菸酒，而基督教的牧師一般忌菸酒。

▲教士可以心靈溝通，而且不必蓋宏偉教堂，甚至不強調獨身，也有女性傳教士。

54 多明尼加國旗上的三橫三豎代表三位一體的十字，即聖父、聖靈、聖子。（黃色是印地安人，黑色是黑人，白色為白人）

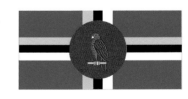

▶此為多明尼加的國旗。

55 東加國旗上的十字架，反映東加國民以基督教徒為多。

　　東加王國（大洋洲唯一君主制）規定，每個人在週日一定要上教堂。

▲南太平洋東加王國國旗上的十字代表的是基督教。

D 英國國教

56 最早是白底紅十字的英格蘭旗，再來是藍底白斜十字的蘇格蘭旗，最後是白底紅斜十字的愛爾蘭旗相合而成，也就是現今的聯合傑克米字旗，1801 年正式為英國所使用。

▲英國米字旗是由三個十字組成。

57 英國米字旗由「三個十字」組合而成，以中國漢字「米」字表示，與埃及的「金」字塔一樣，皆以字形相稱。有人不清楚來龍去脈，把它弄反了，雖然還是「米」字樣，但卻是很失禮的（白色斜邊多一點的地才以逆時鐘方向，為正確的）。

▲在英國喝下午茶，但國旗持反了，雖然還是米字旗。

58 1535 年英王亨利八世因離婚問題，為教皇所不容，乃獨斷從天主教獨立出來，發布首長令，將國王定位為全英國教會首長，稱為英國國教。如此英國財富就不透過教會被吸至羅馬教廷，英國舉國支持亨利八世，而原信仰天主教者就移居到愛爾蘭，喀爾文派的清教徒就到美國了。

▲十六世紀時，亨利八世因婚姻關係而自創教派──英國國教（在倫敦正上映亨利八世的歌劇）。

英國國教又稱聖公會，英國
國王擁有最高權威，很多禮
儀與天主教習俗雷同，英國國教與
基督教都與教皇分離。

◀英國國教與天主教習俗雷同。

在 1603 年皇位繼承關係，英國女王伊
莉莎白一世逝世（1588 年曾大破西班
牙無敵艦隊），沒有繼承人，由姻親的蘇格
蘭國王詹姆士一世繼承，所以蘇格蘭入主英
格蘭，因此兩個十字合併在一起（現在英國
伊莉莎白二世 1952 年即位，兩者非母女，相
差數百年）。

▲因為王位的繼承，英格蘭、
蘇格蘭併為一國。

1801 年征服愛爾蘭後，又多了一個斜十
字——聖派翠克旗（白底、紅斜十字），
而成今日的米字旗。迄今世界性的足球賽、
橄欖球賽、高爾夫球賽等比賽，英格蘭、蘇
格蘭、愛爾蘭各自組隊參加國際賽，而不組
成全英隊（2010 年世足賽以英格蘭旗代表）。

▲在 1801 年，併吞愛爾蘭。

英國國旗斜邊白色多一點的地方以逆時
針方向，為國旗正面。
　英格蘭：白底紅十字（聖喬治旗）＋蘇
格蘭：藍底白 × 字（聖安德魯旗）＋愛爾蘭：
白底紅 × 字（聖派翠克旗）＝現在的米字旗。

▶英國國旗三「十」字的演變過程。

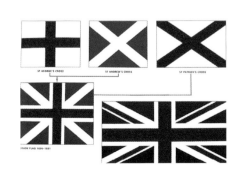

英國的象徵——白金漢宮（Buckingham Palace），在維多利亞女王登基設立為王宮，宮殿上方如飄揚「王旗」，表示女王住在宮中；如果不在宮中，就會升起英國米字旗。

▶英國白金漢宮。

63 在英國或有些國家的國旗會出現「斜十字」，因當年耶穌為人類背十字架，在耶路撒冷走了一段路，後來被世人稱為「苦路」。走到苦路第六站，有位婦女莫娜尼加（Monanic）拿手帕擦拭耶穌臉上的血汗，在教廷的聖彼得教堂有此雕刻。

▲斜十字架代表耶穌行刑前為人類背十字架。（攝於以色列耶路撒冷之苦路站）

牙買加國旗上 X 型十字架，稱為「聖安德列十字架」。綠色代表翠綠土地，黑色表示黑人後裔（非裔黑人占90%。2008 年北京奧運，牙買加「閃電俠」——波特（男）及坎貝爾（女）雙雙打破 100、200 公尺世界紀錄，真正短跑王國。）黃色 X 字除基督教涵義外，亦代表豐富資源。

▲牙買加國旗，為什麼有斜邊的十字架呢？

64 牙買加咖啡是品味最高的咖啡，藍山咖啡是世界有名的。如果有機會到牙買加，可以品嚐此人間美味。

好喝的咖啡並不是隨隨便便的地方就可以種出來！適合種咖啡的地區是赤道上下 25度（即南北迴歸線之間），溫度在 15 ～25℃，年雨量 1000 ～ 2000mm，土地肥沃，最好火山岩（所以中美、印尼、東非盛產），

▲牙買加出產世界上極品的藍山咖啡。

還有開花時要適逢雨季，不能曬太多陽光，故要有遮陽樹（如香蕉樹），上述條件以牙買加最符合。

▶牙買加咖啡是最上等的咖啡。

十八至十九世紀掌握世界海權，足跡遍**65**及全球各地，有「日不落國」美譽。如英國庫克船長發現紐西蘭、澳洲，均變成英國屬地。在此之前於北美洲擴充勢力，從荷蘭及法國手中奪得今美國十三州，也使加拿大成為英帝國第一個自治領土，又向亞洲鯨吞蠶食，如印度、中南半島、新加坡、香港，並進軍中東、殖民非洲、加勒比海及太平洋群島，多不勝數。

▲英國是日不落國，它的屬地遍及全世界。

　　只要英國的屬地，或多或少都會使用米字旗。英國在 1801 年正式名稱「大不列顛聯合王國」，到了維多利亞女王時代（1837～1901）是英國全盛期，所以說十九世紀是英國的世紀。迄今世界有五十多國以英語作為國語或準國語，雖英國雄風不再，但世界仍是「英語帝國」。

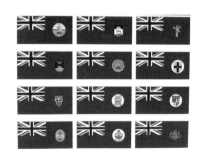

▶在過去有很多國家，都用米字旗作為國旗一部分。

早期南非實施種族隔離，皆是英人統**66**治，由古「荷蘭國旗」，中間白色其上也有米字旗及由荷蘭後裔（布耳人）建立的二面共和國旗。整面國旗是橘、白、青三色

▲早期南非國旗有米字旗。

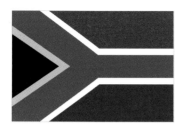

▲南非改為現在國旗。

組成，它是最早荷蘭之顏色，所以設計上都以白人為中心。黑人總統曼德拉（Mandela，1993 年諾貝爾和平獎得主）上臺後，改成新國旗，多數黑人獲得平等的政治地位，並推動黑白種族「大和解」。

1990 年公司曾派筆者去南非合資設工廠，當時還種族隔離，現黑人已做主人。

2003 年重遊南非，首都普利托利亞（Pretonia）就是紀念照片的銅像人，他在 1838 年打敗南非祖魯人，創建白人殖民，現首都將改名茨瓦內（Tshwane），是一位黑人酋長名字。

▶ 2003 年 8 月重遊南非首都。

　　南非新國旗現在有六個顏色，1994 年制定，黑色象徵黑人及有色人種；白色象徵白人及和平；紅色象徵爭取自由平等的熱忱；綠色象徵大地，藍色象徵海洋；橫向 Y 字型象徵各民族的和諧與團隊。其國旗有六個顏色，是世界上最多顏色國旗（除黑色外，紅黃綠代表非洲原色，紅白藍代表荷蘭裔的波耳人）。

▲斐濟亦有米字旗。

67　大洋洲的斐濟是大英國協，國旗上有米字標誌，右邊有一徽章，內有甘蔗、椰子、香蕉是斐濟特產，還有一隻白鴿銜著橄欖枝，表示對和平之追求。斐濟總統在 2015 年宣布將更換國旗，去除「米」字圖案。

▲澳洲、紐西蘭國旗也有米字旗。

澳洲及紐西蘭,除在日月星辰章節說明「南十字星」外,左上角均有米字標誌,顯示曾為大英國協一員。

1642 年荷蘭人塔斯曼發現南半球一塊陸地與荷蘭「澤蘭」（Zeeland,海之地）十分相似,取名 New Zeeland。1840 年英國開始在此殖民成現在的紐西蘭（New Zealand）。而 1770 年英國庫克（Cook）船長登陸雪梨,把這塊未知南方大陸取名 Australia（澳大利亞）。1901 年為自治殖民地,1931 年實質獨立。

68 1997 年 6 月底前香港有米字旗。筆者早期經商及近期講學多次到香港,可以看到香港旗幟和英國國旗懸掛並列。

曾有人問筆者:「香港為什麼要回歸中國?」

回顧歷史清道光二十年鴉片戰爭,中國戰敗,1843 年 8 月 29 日訂定第一個不平等條約——南京條約,割讓香港給英國,英國得寸進尺,1860 年再簽北京條約（英法聯軍）,再割讓九龍半島南端,繼又在 1898 年強行租借新界九十九年,即至 1997 年 6 月 30 日止,本來只須還新界,但它占大香港面積 92%,租地與割讓地唇齒相依,最後中英雙方協議,1997 年 7 月 1 日香港區回歸中國,並成立特別行政區。

1968 年作家里李休斯（Richard Hughes）「租來的土地,借來的時間」,貼切地詮釋「租界」香港。

▲香港在回歸中國前,也有米字旗。

▲早期到香港,可以看到英國及香港國旗並列。

69 1965 年前，加拿大沒有正式國旗。代表國家標誌是「米字旗」的英國商船旗，右下角加頂著王冠的英國國徽，此旗引起法裔國民抗議由皮爾遜（Pearson）首相主導下，兩系國民妥協。（註：皮爾遜 1957 年曾獲諾貝爾和平獎，也曾創設聯合國維和部隊。）

◀在 1965 年前，加拿大也使用米字標誌，1867 年 7 月 1 日，加拿大脫離英國獨立，境內英法後裔常爆發衝突，後來才改用楓葉標誌。

70 1777 年 6 月 14 日，北美十三州告別英國殖民統治，宣布獨立。初期美國國旗左上角是英國標誌米字旗，在麻薩諸塞州的大陸軍陣地出現，叫做大聯邦旗（The Grand Union Flag 1776.1.8~1777.6.14），後來才改為十三星。所以 6 月 14 日是美國的「國旗日」。

▲美國剛獨立的時候，也是用米字標誌（是雙十字，不是三個十字。美國是在 1776 年獨立，而三個十字是 1800 年），後來才改為星星。

叮嚀小語

我們在下方整理出依十字架來分辨國家的祕訣，請再複習一下吧！

教別	分辨祕訣	國家代表
東方正教	正十字	如希臘、喬治亞、斯洛伐克。
天主教	橫短直長十字	如教廷、馬爾他、多明尼加、多明尼克。
基督教	二者皆有	如瑞士、北歐五國、東加、馬紹爾、密克羅尼西亞。
英國國教	三「十」字	如英國及大英國協。

基督教的分裂表如下：

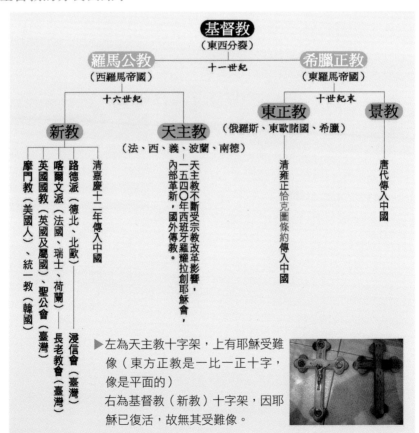

基督教
（東西分裂）

羅馬公教
（西羅馬帝國）

　　十一世紀

希臘正教
（東羅馬帝國）

　　十六世紀

　　十世紀末

東正教
（俄羅斯、東歐諸國、希臘）

景教

新教

天主教
（法、西、義、波蘭、南德）

摩門教（美國人）、統一教（韓國）

英國國教（英國及屬國）、聖公會（臺灣）

喀爾文派（法國、瑞士、荷蘭）──浸信會（臺灣）

路德派（德北、北歐）──長老教會（臺灣）

清嘉慶十二年傳入中國

天主教不斷受宗教改革影響，一五四〇年西班牙羅耀拉創耶穌會，內部革新，國外傳教。

清雍正恰克圖條約傳入中國

唐代傳入中國

▶左為天主教十字架，上有耶穌受難像（東方正教是一比一正十字，像是平面的）

右為基督教（新教）十字架，因耶穌已復活，故無其受難像。

▲基督教文化有三大禮：出生的洗禮、成年的婚禮、告別人間的葬禮。

Notes

用動植物看國旗

A 動物

1 不丹在清朝時是中國藩屬，深受中國影響，因清朝旗幟是龍旗，所以不丹的國旗上也有龍的圖騰。其位置在喜馬拉雅山下，境內雷雨特多，也正像龍在發威一樣。在這兩個原因的加成效果下，不丹國旗成了世界唯一有龍圖騰的國家，其與韓國的太極旗，兩國國旗極富中國風。

▲不丹國旗深受中國影響，旗上有龍的圖騰。

2 在中國，龍是至高無上的，是皇帝的象徵，是東方的代表，中國人對龍有特別感情，龍是吉祥的，自稱是「龍的傳人」；相對西方的龍（Dragon），長翅膀，口吐火，是破壞與毀滅的象徵。在中國，龍是神聖，四瑞獸龍鳳麟龜之首，國旗黃、橙二色是喇嘛教的代表顏色，不丹的與世無爭人生觀，稱「最後香格里拉」，被譽為世界最快樂國家之一。

▶中國的龍袍（攝於北京故宮）。

▲中國的龍柱（攝於曲阜孔廟）。

▲信仰喇嘛教。圖為不丹第一座宗廟──西姆托天宗（Simtokha Pzong）。

3 墨西哥國旗中央圖案為國徽，一隻老鷹站在仙人掌上咬蛇，象徵勇敢奮鬥的建國精神。

墨西哥國旗的底色有綠、白、紅，由於登上墨西哥眾多船員是義大利人，因此國旗也受義大利影響很深。

▲墨西哥國旗上有老鷹咬著一條蛇，並站在仙人掌上的圖案。

4 傳說十二世紀到十六世紀間，阿茲特克族登上墨西哥高原並建立文明，他們採用太陽曆，內有 2012 年 12 月 21 日世界末日預言也拍成電影「2012」，大有賣座，並建有金字塔、神殿等，還進行以「人心」當祭品的殘酷祭典，他們相信將心臟獻給太陽神，將帶來新的力量。

▲中間再加上阿茲特克神話，二者合一。

5 印地安人有個傳說，那片老鷹站在仙人掌上並咬著蛇的地方，就是他們建都的所在地（仙人掌可製龍舌蘭酒）。

因此，墨西哥把這個傳說作為國旗的徽章，而阿茲特克的光榮將永遠記憶在他們內心深處。

▲所以老鷹咬著蛇站在仙人掌上的標誌成為墨西哥國徽。

6 老鷹代表法老王象徵，表示有神力。埃及國旗上的顏色，黑色代表尼羅河沖積的肥沃黑土，有萬物生生不息之意；紅色則是太陽日落，染紅沙漠，意味著死亡。黑紅兩色代表古埃及對立的生死觀。

▲埃及的國旗上繪有一隻老鷹。

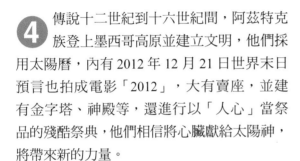

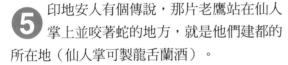

7 二千多年前希臘作家安提佩特選了世界七奇：埃及金字塔、巴比倫空中花園、希臘宙斯神像、土耳其摩索里姆陸墓等，經過幾世紀，除金字塔碩果僅存，其餘都煙消雲散，憑空追憶。

埃及國徽是一隻老鷹，位在國旗中央。遠在西元前 3000 年，法老王美尼斯（Menes）建立埃及王朝，到西元前 2590 年則建立了金字塔群。相傳上下埃及統一，法老王的王冠上也有老鷹標誌，顯示其武力及權力。

埃及國旗上的老鷹飛走了，剩下橫向的紅白黑三色旗就是葉門的國旗，它為中東地區比較貧窮的國家。葉門原分南、北葉門，北葉門在三橫條中有一綠星；南葉門在三橫條左側有一青色三角形中有一紅星（社會主義），當 1990 年 5 月南北葉門宣布統一，取最大公約數，國旗採行紅白黑三色旗。

▲有機會可以到歷史悠久的埃及，漫遊金字塔。

▲埃及國旗上的老鷹飛走了，剩下紅白黑三色旗就是葉門的國旗了。

▶在金字塔裡面可以看到法老王頭上有老鷹圖案，代表法老的威望。

8 阿爾巴尼亞的國旗上繪有雙頭鷹，在當地表示優秀傑出象徵，顯示對自我民族的驕傲。一隻看亞洲，一隻看歐洲，而紅色則意味著阿爾巴

尼亞是共產國家。

　　蒙特內哥羅（黑山）國旗亦有雙頭鷹，其地理位置深受「拜占庭」文化影響，它是橫跨歐亞大陸的帝國。

◀阿爾巴尼亞國旗上繪有雙頭鷹。（國家貧窮，當外勞多。）

▶蒙特內哥羅國旗亦是雙頭鷹（2006年6月才獨立）。

❾ 摩爾多瓦國旗中央繪有該國的國徽───一隻金色的雄鷹口銜十字架，左爪持一根象徵權威的權杖，右爪則拿著象徵和平的橄欖枝。另外，哈薩克國旗、厄瓜多爾國旗上也有老鷹。

　　老鷹的視力敏銳度是人的八倍，翱翔在天際，可清楚地看到獵物，常以時速一五○公里速度俯衝，瞬間命中，是威風八面的猛禽，故稱萬鳥之王，很多國家的國旗都繪有老鷹。

◀摩爾多瓦國旗的顏色與羅馬尼亞相同，中央繪有一隻雄鷹銜著十字架的圖案。

▶很多國家的國旗上都繪有老鷹，因為老鷹是萬鳥之王（在摩爾多瓦首都基什涅夫Kishinev市政廣場上拍攝）。

❿ 非洲尚比亞國旗上繪著一隻展翼的橙色蒼鷹，代表著自由，也代表著國民擁有克服任何困難的強大力量；綠色背景則說明尚比亞是個農林國家；紅色表示爭自由的熱血；橙色代表礦產；黑色為非洲本色。

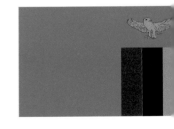

▶非洲尚比亞國旗上繪有一隻蒼鷹。

⓫ 斯里蘭卡國旗上繪有萬獸之王───獅子的圖案，代表佛教象徵。

　　國旗的黃框是國家為佛教庇佑（尼泊爾加藍框，格瑞納達加紅框，

皆是少數國旗加框），左邊有綠、橘二色，
代表回教徒及印度教徒和平共處。

　　1795 年 起 被 英 國 占 領 稱「 錫 蘭 」
（Ceylon），1972年改國名為「斯里蘭卡」（Sri
Lanka）。

▲斯里蘭卡國旗。

⑫ 　獅子四周的四片樹葉是佛教「菩提樹
葉」，代表釋迦牟尼在菩提樹下坐禪覺
悟成佛。佛教藝術作品常把菩提心形的葉片
象 徵 佛 陀。 在 2005 年 8 月 21 日 將 擁 有
二千三百年的佛陀手植「摩訶菩提樹」由斯
里蘭卡分枝在臺灣貢寮的靈鷲山無生道場移
植，在臺灣生根發展茁壯。

▲佛祖悟道處有菩提樹（攝於斯
　里蘭卡丹布拉（Dambulla）
　皇室岩廟）。

⑬ 　獅子代表祖先僧伽羅人的圖騰，也以獅
子比喻佛之無畏與偉大，所以獅子是佛
教象徵，也代表打破眾生不平等的「獅子
吼」。

　　佛陀說法能滅一切戲論，見所有外道邪
見亦無所畏懼，如獅子咆哮，百獸懾伏，至
後世獅吼一詞形容秉持正義，排除異端。

▲ 攝 於 斯 里 蘭 卡 波 洛 納 露 瓦
　（Polonnaruwa）古皇宮謁見
　廳前之石獅。

⑭ 　釋迦牟尼死後，其弟子開始傳佛教，從印度開始，北傳西藏、中國、
韓國、日本，稱大乘佛教（兼善天下）；南傳斯里蘭卡、中南半島，
稱小乘佛教（獨善其身）。佛教成為第一個世界性宗教，其次是基督教、回
教，而道教、猶太教、印度教都只是局部性宗教。

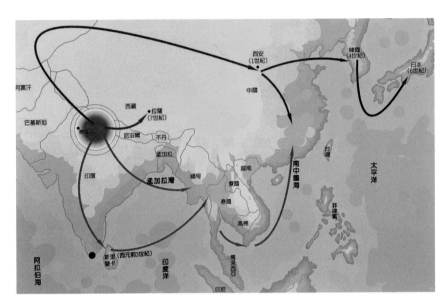

◀佛教由印度開始，成為第一個世界性宗教。

15 國旗上有紅、黃、黑顏色，代表非洲國家。國旗中央的鳥是「灰冠鶴」，是烏干達的特產動物，於是漸漸成為烏干達的代表動物，還被定為國鳥，是國家與民族尊嚴的象徵。烏干達還出現過「非洲暴君」的阿敏軍事強人，惡名遠播。

▲烏干達國旗有隻灰冠鶴。

16 烏干達國旗上繪有一隻灰冠鶴的圖案，灰冠鶴是烏干達的國鳥，也是最美麗的鳥類，外形優美，尤其頭上頂著金黃羽冠，流露典雅氣質，俊秀儀態，人稱鳥中貴族。

雍容華貴的灰冠鶴有細細的腳、長長的脖子和尖尖的嘴喙，便於啄食，產在東北非，由於修長飄逸、俊秀，令人激賞，因人類的捕獵，灰冠鶴的數量日漸減少。

▲灰冠鶴是烏干達的國鳥，也是最美麗的鳥類（攝於烏干達自然博物館）。

武俠小說提及「灰冠鶴」都有這樣的描述：玉貌丹唇，飄飄然有超塵脫俗之姿，氣度瀟灑，超凡風顏。

◀灰冠鶴的真面目夠吸引人吧！

▶在東非旅行時，數次拍到灰冠鶴在覓食。

17 辛巴威國旗上繪有魚鷹的圖案，象徵著國家的榮耀。紅、黃、綠及黑色標誌，則表示辛巴威是非洲國家。

紅色是烈士的鮮血，黃色是礦產，綠色是農林。

▲辛巴威國旗上繪有一隻魚鷹。

18 十二世紀時，辛巴威就已經有石壘、石塔、石室、石材排水系統等建設，所以曾出現高度文明的黑人國家，現在也被聯合國指定為世界文化遺產。

在遺跡有隻「魚鷹」的雕刻，代表辛巴威古代的精雕細琢，又稱「辛巴威鳥」。這個時間，歐洲正值黑暗時代。

魚鷹通常離水面十～二十尺飛翔，雙眼注視水面，一發現有魚，會疾速俯衝，撲入水中，用爪扣緊魚身，看得我們怵目驚心，扣人心弦。

魚鷹所捕的如果是小魚，當場吞食；如果是大魚，就將其摔死以防魚兒溜走，那些魚骨就帶回築巢，辛巴威的導遊還說魚鷹都是一夫一妻制。

旅遊辛巴威正值惡性通貨膨脹，年通膨率超過1000%，最大紙鈔達五萬元，但一條麵包索價十萬元，買樣物品要一大堆鈔票。上廁所忘記帶衛生紙，直接用五百元紙幣擦，還划算！（2009年1月發行一百兆巨鈔，是世界最大面額，2009年底宣布一兆元換新幣一元，

▲魚鷹是辛巴威的國鳥。

▲魚鷹在低空翱翔，注視水面。

現已廢除本國貨幣，改用南非幣、波札那幣、人民幣及美元。）

◀ 100 兆巨鈔有 14 個 "0"，為金氏世界紀錄最多 0 的鈔票。

▲祕魯國旗中繪有駱馬。

⑲ 祕魯國旗中央圖案的左方有一隻駱馬，駱馬是可以在高山上安步當車的動物。
圖案上還有治療瘧疾的金雞納樹及湧出的金幣，這樣動物、植物、礦物通通到齊。（祕魯是礦業立國，世界排名：銅3、鉛4、鋅3、錫4、金5、銀1）

⑳ 只有在南美洲安地列斯山三千公尺以上的地區才可以看到駱馬。在動物分類上與駱駝同科，但不住在沙漠，與駱駝一樣任勞任怨、抗旱。外型窈窕可愛，個性馴良，討人喜歡。

◀駱馬是可以適應高山上特殊環境的動物。

㉑ 多明尼克國旗中繪有鸚鵡，牠也是多明尼克的國鳥，代表國家又高又遠的願景。
前文已介紹三色十字就是基督教三位一體。
多明尼克（Dominica）是東加勒比海一小島，面積七百五十一平方公里；

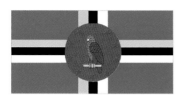

▲多明尼克國旗上繪有國鳥鸚鵡
　的圖案。

多明尼加（Dominican）在西加勒比海，於古巴附近，面積四萬八千平方公里，兩國拼字極為相同，容易混淆。

在多明尼克，鸚鵡到處都是，而且不怕生，國旗上的鸚鵡學名 Sisserou Parrot 是國鳥，可以飛得很高、很遠。

東加勒比海是鳥的天堂，在其鈔票上是以鳥為主角，而非人物、建築。

五元是紅頸啄木鳥，十元是綠喉芒果蜂鳥，二十五元是白喉巨嘴鳥，一百元是東長尾隱蜂鳥，一千元是王霸鶲。

◀多明尼克的鸚鵡到處都是，而且不怕生。

▶以鳥為鈔票的主角。

▲巴布亞新幾內亞國旗右上角繪有天堂鳥。

22 巴布亞新幾內亞的國旗右上角繪有天堂鳥。天堂鳥又名極樂鳥，勒基伯爵天堂鳥是巴布亞新幾內亞的國鳥，代表高貴的象徵。而國旗左下角則繪有南十字星，表示其為南半球國家。紅色象徵勇敢，黑色代表人種。

23 天堂鳥號稱世界上最漂亮的鳥類之一。據說天堂鳥都在天空飛翔，不降落地面，好像生活在天堂，故命名 Bird of Paradise。天堂鳥的羽毛經太陽照射，會產生不同程度的虹彩，華麗外表，令人產生遐想。

巴布亞新幾內亞在新幾內亞島東部（西部屬印尼），還包括俾斯麥群島及布間比爾島等，這些島嶼還保留許多原始社會的生活，與現代文明隔離。曾經參觀新幾內亞「食人族」，當場把一隻活雞去毛生吃，鮮血如注，令人驚叫不已！

◀天堂鳥號稱世界上最漂亮的鳥，也特別放在鈔票上。

▶與食人族合影（有點怕怕，老鹿亂撞）。

B 植物

24 　紅、白是加拿大的代表色，白色是長時間白雪覆蓋的大地，紅色楓葉是加拿大的象徵，左右紅色則代表太平洋及大西洋。

　　很奇怪的，他們的海洋是「紅海」而非藍海。

▲楓葉是加拿大的代表，左右紅色代表太平洋及大西洋。

25 　加拿大廣植楓葉，每年秋冬楓葉變紅時，美不勝收。從十七世紀起，楓葉一直是加拿大的象徵，當地並設有楓葉博物館，全世界約 75% 的楓糖漿產自加拿大。

　　一提到加拿大，就會聯想到楓葉。植物學家布朗尼指出，2013年 1 月新版加拿大紙幣上的楓葉，不是代表加拿大原生種的（三瓣）標誌，而是挪威楓樹（五瓣），引起不小爭議。

▲加拿大楓葉處處，美不勝收。

◀楓葉一片片（攝於加拿大尼加拉瓜楓葉博物館）。

㉖　黎巴嫩國旗則以特產的黎巴嫩杉為圖案，上下的紅色代表英勇的烈士犧牲精神，白色是山雪，也象徵和平。黎巴嫩面積不到臺灣三分之一，人口二百五十萬人，但以古代腓尼基人正統後裔為榮。國內基督徒與回教徒長期對立。

　　黎巴嫩杉又稱「雪松」（Cedar Wood），

▲筆者曾參訪黎巴嫩，可見黎巴嫩杉。

被稱松樹之王，是黎巴嫩特有的，象徵神聖、和平、永恆。雪松壯碩無比，林木參天，酷似大傘，堅貞不屈，美麗蒼勁。過去曾遭濫伐，致數量減少，境內存活者加以保護，禁止砍伐，現有千年樹齡，生意盎然，尊為國寶樹，將其中一株列為國旗之圖案。

▲黎巴嫩杉（雪松）寫真。它是古船舶及建築橫梁不可或缺的。

㉗　塞普勒斯國旗上除了地圖，其綠色橄欖樹葉象徵著對和平的期望，而橄欖樹也在地中海盛產。

▲塞普勒斯國旗上除了地圖，還有橄欖樹葉（和平）。

28 塞普勒斯一直處於動盪不安的局勢中，地理位置靠近土耳其。1960 年，塞普勒斯脫離英國並宣告獨立，國民有 85.2%。依據維基百科全書屬希臘後裔，11.6% 屬土耳其裔，雙方長時間水火不容，並因此而分區居住，希臘裔居住在中南部，土耳其裔居住在北部。

▲塞普勒斯一直動盪不安，因為土耳其裔和希臘裔一直不合。

▲北非厄立垂亞國旗上的橄欖樹代表和平。

29 位於北非的厄立垂亞國旗上則繪有橄欖樹，是地中海的特產，代表和平象徵。

綠色是農業，藍色是海洋，紅色是勇氣與決心（1993 年脫離衣索比亞獨立）。

古希臘時代對奧運會優勝者，會用橄欖松葉編成花環作為獎賞，後來用月桂枝葉代替，所以稱為「桂冠」，成為至高榮耀的象徵。橄欖樹是地中海區最古老、最多的植物，橄欖樹最大的意義是和平的象徵（源自諾亞方舟）。

在南歐的聖馬利諾及中南美洲諸國之徽章，均有象徵和平的橄欖樹及勝利的月桂樹環繞。

◀橄欖樹及月桂樹常編成桂冠，代表和平象徵（攝於日本愛知萬國博覽會希臘館）。

30 前緬甸國旗上繪有稻米，代表緬甸的農業，齒輪則代表工業。而有十四顆星代表十四行政區。

緬甸的國民經濟基礎是農業，在伊洛瓦底江三角洲，沃野千里、河流交錯，盛產稻米。此外，柚木及寶石也有很豐富的產出。

民主鬥士翁山蘇姬及投資緬甸新商機，都是近年熱門話題。

緬甸首都原為仰光，2005 年底遷至四百公里外的新都「彬馬那」，遷都理由為軍事安全考量。

2010 年 10 月 21 日緬甸國旗改成三橫線，黃、綠、紅三色（與立陶宛同），中間再加一大白星。

▲前緬甸國旗上繪有稻米，代表農業。

▲緬甸國旗，黃色是團結合作，綠色是大地農林，紅色是勇往前進，白星為永恒不變。

◀緬甸伊洛瓦底江三角洲盛產稻米。

▲阿富汗國旗上有稻米圖案（2001 年神學士政權被推翻後改換之國旗）。

31 阿富汗國旗上也繪有麥穗。另外，清真寺圖案紅綠、黑白雙對比色則代表阿富汗屬回教國家。阿富汗（Afghanistan）是全世界英文字母排行首位，其次是阿爾巴尼亞（Albania）、阿爾及利亞（Algeria）。

32 　銀蕨在南太平洋諸島中是常見植物，正面是綠色的，但反面卻是銀白色，在月光下會反光，常被當作路標或溝通工具。銀蕨樹高達十公尺，生長在密林裡，有相當強韌的生命力，被視為聖樹。

▲萬那杜國旗上的銀蕨。

▶萬那杜人民是世界快樂的國民（家庭關係鞏固，物質欲望低，生活悠哉，樂天知命）。

叮嚀小語

我們在下方整理出依動植物來分辨國家的祕訣，請再複習一下吧！

顏色	分辨祕訣
動物	①老鷹：墨西哥、埃及、阿爾巴尼亞、哈薩克、摩爾多瓦、尚比亞、厄瓜多、蒙特內哥羅。 ②獅子：斯里蘭卡、巴拉圭、蒙特內哥羅。 ③龍：不丹。 ④鳥：辛巴威、巴紐、烏干達、多明尼克、吉里巴斯、巴布亞新幾內亞、 ⑤駱馬：祕魯。 ⑥鴿子：斐濟。
植物	①楓葉：加拿大。 ②黎巴嫩杉：黎巴嫩。 ③橄欖及月桂：塞普勒斯、厄立垂亞、聯合國、中南美洲有國徽之國旗。 ④麥穗：前緬甸、阿富汗。 ⑤銀蕨：萬那杜。 ⑥紅木：貝里斯、赤道幾內亞。 ⑦肉豆蔻：格瑞那達。 ⑧奎寧樹：祕魯。 ⑨菩提葉：斯里蘭卡。 ⑩仙人掌：墨西哥。

Notes

用徽章看國旗

A 南歐

1 相傳海盜航行時，船上會掛海盜旗
（Black Flag），黑底旗子上畫有骷髏
頭和交叉的骨頭，商船望之喪膽，這也是徽
章流傳已久之起源。

在十字軍東征之際，騎士全副武裝，面
戴盔甲，敵我難以辨識，所以便在盔甲上別
上標誌徽章，後來也會在旗幟上放入徽章。

▶十字盾牌最有名
的就是十字軍東征。

◀骷髏頭的海盜旗是最早的徽章標誌。

2 現在有徽章的國家幾乎都位在中南美
洲，或者是少數古老的歐洲國家。

在中南美洲國旗徽章上也有許多自由之
帽（海地、尼加拉瓜、薩爾瓦多、厄瓜多、
玻利維亞、巴拉圭），起源於古羅馬時代，
只有擁有自由之身的奴隸才可以戴上三角形
帽，那些脫離西班牙統治的國家，便用此帽
代表自由獨立（類似扁帽）。

▲國旗上有徽章圖案的國家，
大部分位在南歐及中南美洲。

▶在古羅馬時代，奴隸自由之身戴上三角帽。

3 南歐的葡萄牙國旗繪有一個地球儀（渾天儀），內置一面徽章。金黃色的天體觀測儀是航海所必須，紅色大盾中的五個藍底白點小盾，則是緬懷 1143 年摩爾戰爭攻破敵人的五個小王國；而周圍七個金黃色城堡，則紀念從摩爾人（北非回教徒）奪回七個要塞的勝利。

▲南歐的葡萄牙國旗，在地球儀內有一面徽章。

4 西班牙國旗號稱「血與黃金之旗」，王冠象徵統一和權威，盾徽中心畫著代表組成西班牙的五個小王國。兩支海格力士銀柱威然立在盾徽兩邊，將國家的安全置於其護佑之中，象徵國家完整。

▲南歐的西班牙國旗也有徽章。

5 南歐的聖馬利諾國旗亦有徽章，它是在義大利境內的國中國，是歐洲古老國家（建國於西元 300 年），面積六十平方公里，人口不到三萬人，是世界上的迷你國。

紋徽中間的三座白塔，稱為「三彼尼」。這三座塔象徵國家自我防衛的能力，國徽頂端繪有一頂金色鑲有珠寶的公爵王冠，橡樹及月桂樹枝將其環繞，表示和平。

▲南歐的聖馬利諾國旗亦有徽章。

▶聖馬利諾除了皇冠，下面還有三座塔。

6 非正式場合時，偶爾會使用沒有國徽的國旗。

聖馬利諾在 1607 年於世界上首創郵政服務，1877 年是第一個使用郵票國家。其郵票題材豐富，圖案精美，色彩艷麗，有「郵票王國」之美稱。

▲在非正式場合，徽章去除。

7 斯洛維尼亞國旗也是採取白青紅三色斯拉夫本色，旗上左上角加上國徽，其上有好山好水，並有三顆小星，象徵獨立、自由、願景。在前南斯拉夫各國中經濟水準最高。2007 年起已使用歐元。（國徽不能省略，否則與俄羅斯國旗同。）

斯洛維尼亞國徽上有代表好山好水，旅遊該國處處可見阿爾卑斯山倒映翠綠湖泊，令人沉醉的湖光山色。

◀斯洛維尼亞國旗上有一山水徽章。

▶名不虛傳，到處好山好水，景色怡人。

8 克羅埃西亞有紅白青三橫條再加一徽章，而徽章不能省略，否則就與荷蘭完全一樣。徽章上，有一如王冠的圖案，是五個省區的組合，均有古老文化之代表。其下有紅白相間棋盤，傳說一千年前有一國王戰敗被俘至威尼斯，國王與典獄長連下棋數盤皆得勝，因而獲得釋放，紅白方格就為克羅埃西亞最喜愛圖案。

克羅埃西亞各省區景色怡人，有歐洲最大鐘乳石洞，觀賞石筍、石柱、流石，並有喀斯特地形與長長海岸地形交界，是最美麗的亞得里亞海沿岸風光，為渡假勝地。

克羅埃西亞的普利特國家公園，有多處瀑布、深潭，因擁有十六座大小

湖泊而暱稱十六湖國家公園，讓人流連忘返，被列入世界遺產。首都薩格勒布，是充滿歷史與文化之古城。

◀克羅埃西亞有很長海岸線及喀斯特地形。

▶克羅埃西亞國旗有一紅白方格及
　　狀似皇冠的徽章。

B 拉丁美洲

9 哥斯大黎加的國旗中，藍色象徵太平洋及加勒比海，紅色是紀念為獨立而犧牲的烈士，白色是追求和平。哥斯大黎加舉國沒軍隊，稱為「中美瑞士」。1987 年該國總統榮獲諾貝爾和平獎，紅色橫條左側有一國徽。

▲哥斯大黎加國旗亦有徽章。

　　哥斯大黎加國徽兩側的玉米粒，圓潤而金黃，說明這個高原國家的農業以玉米種植為主，也是世界上最早種植玉米的地區，已有一萬年的歷史，1492 年哥倫布帶回西班牙，再逐漸傳遍全世界。徽章裡有三座火山，山的兩邊代表加勒比海及太平洋，藍天上七顆白色五角星代表哥斯大黎加現有的七個省。

　　火山（Volcano）一詞源自義大利火山維蘇威（Vesuvius）或神話之火神

（Vulcan），當地球內部產生高溫之岩漿，在地殼脆弱處或裂隙帶，伴隨水氣衝破地殼而噴出地表，當地球板塊運動產生大地震，岩漿噴發形成了火山。中美洲是加勒比海與太平洋板塊衝擊處，極容易有火山爆發。

哥斯大黎加有一亞蕾納火山（Volcano Arenal），坐落在國家公園，是一望無際的雨林（Rain Forest），在入口處可見哥斯大黎加國旗和臺灣國旗並列，備感溫馨。（2007年6月斷交，此景已成追憶）

▲徽章裡有三座火山，山的兩邊代表加勒比海及太平洋，七星代表七省，並有玉米粒環繞（玉米為印地安特產）。

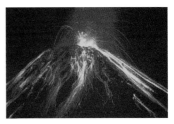

▲此國亦有爆發活火山（參觀哥國火山博物館拍攝）。

◀筆者在哥斯大黎加留影，有兩國國旗飄揚。

⑩ 哥斯大黎加在非正式場合時，也會使用沒有國徽的國旗。

如果將紅青二色互換，就變成泰國國旗了。

▶非正式場合時，國旗亦可去除徽章。

⑪ 薩爾瓦多上面的藍色代表蔚藍天空，下面的藍色代表太平洋，白色象徵和平，與宏都拉斯、尼加拉瓜等國國旗十分雷同，中間的徽章則不同。

薩爾瓦多國旗也有徽章，「自由之竿」和紅色「自由之帽」高高矗立於五座火山山峰之巔，放射出自由的光芒。綠色月桂枝葉環繞周邊，使國徽呈圓形，並有上帝、團結、自由的西班牙文。最外圈金色的西班牙文，寫著「中美洲薩爾瓦多共和國」。

　　薩爾瓦多也是一火山國，火山噴出有固體的碎屑物、有液態的岩漿、有氣態的蒸氣（含 SO_2、氮）。在該國參觀一火山，仍蒸氣瀰漫，味道嗆鼻，遠遠山頭有一十字架，印地安人認為火山爆發是地魔現身，故用十字架降伏。

▲薩爾瓦多國旗也有徽章。

▲圖上有五座火山，上面有一自
　由之帽。

◀薩爾瓦多亦是火山國，其後還
　是煙霧迷茫。

12　薩爾瓦多在非正式場合時，會使用沒有國徽的國旗。自由之帽很類似聖誕老公公的帽子。在羅馬帝國時代，奴隸或基督徒在鬥獸場打敗猛獸後，即丟自由之帽還其自由之身。

▲在非正式場合時沒有徽章。

⓭ 瓜地馬拉的國旗，左右淺藍色，代表位於太平洋及加勒比海之間，白色是象徵和平的追求。在旅途中，導遊說瓜地馬拉內戰幾十年，民不聊生，1996年政局才穩定下來。

瓜地馬拉國旗上也有徽章。格查爾鳥（Quetzal，翡翠鵑）是瓜地馬拉的國鳥，被稱為「自由之鳥」。還有在劍、槍及自由之鳥下方書卷寫著「1821年9月15日自由」的西文。外圍以月桂枝葉圍繞著，象徵獨立戰爭的勝利與光榮。

瓜地馬拉的國鳥被關入鳥籠後，會因不吃不喝而死亡，象徵著「不自由，毋寧死」。

有趣的是 Quetzal（翡翠鵑），就是其貨幣名稱，如同「元、幣、鎊、法郎、里拉」。

▲瓜地馬拉也有徽章。

▲徽章中央是瓜地馬拉的國鳥。

▶瓜地馬拉的國鳥一旦被關入鳥籠，會不吃不喝而死亡。

⓮ 瓜地馬拉在非正式場合時，會使用沒有國徽的國旗。

臺灣的邦交國中，中美洲占大多數：瓜地馬拉、貝里斯、多明尼加、薩爾瓦多、海地、宏都拉斯、巴拿馬、聖文森、聖克里斯多福、聖露西亞。在該地區有邦交國比中國還多，行銷學名言：「不能全數第一，也要局部第一。」

▲在非正式場合時也沒有國徽。

▶筆者在駐瓜地馬拉大使館前留影。

⑮ 多明尼加國旗有一個白十字，象徵基督教國家，藍色代表自由，紅色代表人民為獨立而犧牲。

多明尼加國旗所繪製的國徽上有一本翻開的聖經，聖經上方一個金黃色的十字架，代表國教基督教的巨大精神力量。國徽兩側飾有碧綠的月桂和棕櫚枝葉，並有「上帝、祖國、自由」的西文。

多明尼加與海地同一島嶼，一在右一在左，地理位置在古巴附近。多明尼加的國旗有十字架、聖經及月桂、棕櫚葉，充滿「和平」氣息；而海地國旗上有槍砲、戰鼓、炸彈，充滿「戰爭」架勢，二旗看來不正是「戰爭與和平」嗎？

▲多明尼加國旗也有徽章。

▲徽章圖案是一本聖經及十字架，並有上帝、祖國、自由的西文。

⑯ 多明尼加在非正式場合時，會使用沒有國徽的國旗。

▶在非正式場合時沒有國徽。

⑰ 祕魯的國旗中，紅色代表愛國熱情，白色代表和平，中間有一徽章。

祕魯盾徽右上部是一棵綠色奎寧樹（治療瘧疾），左上方則繪有一匹駱馬，駱馬是祕魯的特產動物（行走高山區），下方則是一個湧出金幣（財富）的袋子。左右兩側亦有一枝棕櫚葉與橄欖枝葉，象徵勝利與和平。

▲祕魯國旗也有國徽。

（註：黃金十大生產國為中國、美國、南非、澳洲、俄羅斯、祕魯、加拿大、迦納、烏茲別克、巴布亞新幾內亞）

◀徽章裡有駱馬、奎寧樹、金礦（動植礦物皆有）。

⑱ 祕魯在非正式場合時，會使用沒有國徽的國旗。

◀在非正式場合時沒有國徽。

⑲ 巴拉圭國旗有紅、白、藍三色，白色代表和平，紅色代表正義，藍色代表自由，中間有一徽章。

國徽正中一顆金光四射的「五月之星」，顯示令所有巴拉圭人自豪的日子。象徵和平的橄欖枝和象徵勝利的棕櫚枝交叉環繞在金星周圍，紅色圓圈用西班牙文寫著國名「巴拉圭共和國」。

▲巴拉圭國旗亦有徽章。

◀徽章正面代表 1811 年 5 月的五月之星。

⑳ 巴拉圭國旗是世界上唯一正反兩面圖案不同的旗幟，背面圖案有象徵正義與自由的獅子和紅帽。其徽章不能刪除，否則跟盧森堡國旗就會一模一樣。

巴拉圭是一內陸國，貧富懸殊，通貨膨脹，有一巴拉圭河貫穿國土中央，是通往大西洋的水道，首都為亞松森。在河上往沿岸拍攝，仔細看，有巴拉圭國旗在飄揚。

◀反面代表獅子守著自由之帽。

▶巴拉圭首都亞松森。

㉑ 中美洲的巴貝多國旗，中央是希臘神話中的海神普西三叉戟，象徵忠心捍衛國家。傳說中用三叉戟可以刺穿岩石，泉水立即噴出，高達數丈。三叉戟黑色代表國民多為黑人，其左右兩道藍色代表大西洋和加勒比海。

▲巴貝多國旗上有個矛的徽章。

巴貝多是海洋國家，所以國旗用海神的三叉戟，海神是天神宙斯的哥哥，希臘名Poseidn，拉丁名Neptune，是位可信、溫和的神，公正、和平，從不說謊，居住海洋之中。

巴貝多以旅遊業、製造業及農業為主，是加勒比海國家中最穩定、最繁榮的國家。

▶此矛代表希臘神話的海神。在首都橋鎮（Bridge Town）之港邊拍攝。

C 非洲

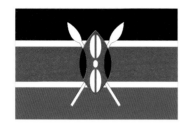

22 矛與盾一般都在非洲國家中可以看見。
肯亞國旗中央就繪有馬賽族盾牌和兩支交叉的長矛，表達了人民反抗殖民統治而獲得獨立與自由。

◀肯亞國旗中繪有矛盾。

23 肯亞為集非洲萬象於一國之奇蹟大地，曾為英國殖民地，很早接觸西方文明。在肯亞，狩獵、探險、休閒、觀賞野生動物等多樣化旅遊是最大享受。「遠離非洲」這部電影就是在此拍攝。

早期在非洲，矛與盾是打仗或打獵很重要的攻防工具。在肯亞旅行中，到處可見此標誌。

肯亞有一望無際的大草原，與衣索匹亞一樣，是長跑健將的故鄉，2008 年北京奧運馬拉松，就由肯亞的萬吉魯（Wanjiro）以 2 小時 6 分 32 秒破世界紀錄，獲得金牌。

▲肯亞是動物的天堂。

▲在非洲，矛、盾是打仗或打獵時的防守工具。

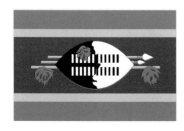

▲史瓦濟蘭位在非洲，其國旗上也繪有矛及盾。

24 史瓦濟蘭國旗中間有紫紅色，象徵歷史上無數戰役，上下各有黃色窄邊及藍色寬邊，黃色代表礦產，藍色是和平的涵義，在紫紅色中央有矛、盾圖案。

史瓦濟蘭在南非境內，屬於國中國。史瓦濟蘭國旗中間的圖案是一面黑白雙色盾、

兩支矛以及權杖。盾與矛代表為爭國土的自由而奮鬥的決心，權杖的兩端及盾上都有用羽毛製成的纓穗，象徵王室的權威。

▶在史瓦濟蘭大使館留影。

25 賴索托舊國旗上的斜線，有白、藍、綠三色，左上也有矛、盾圖案。

賴索托國旗的左上方繪有索托族勇士的盾牌、標槍、圓頭棒槌等圖案，代表了守護國土的決心。賴索托是在 2006 年 10 月啟用新國旗，用橫向青、白、綠三色旗，旗中有一傳統的帽子。

▲賴索托舊國旗也有矛、盾（矛是攻擊，盾是防衛）。

◀賴索托新國旗。

▶東南非之旅。

▶首都恩巴班（Mbabane）背後有新國旗。

㉖ 2003 年 2 月曾赴東南非旅遊，包括肯亞、坦尚尼亞、烏干達、尚比亞、辛巴威、波札那、納米比亞、南非、史瓦濟蘭、賴索托等前後二十八天，當年秋天將見聞及幻燈片整理，在彰化文化中心演講—「孔雀東南飛（非）」。

在非洲，大象、非洲野牛、犀牛、獅子以及豹，並列為「非洲五霸」，肉食的凶猛動物非常恐怖，大型草食動物成群結隊不會攻擊人，但落單的瘋象、瘋牛也極危險，所以矛、盾是非洲人早期最佳攻防工具。

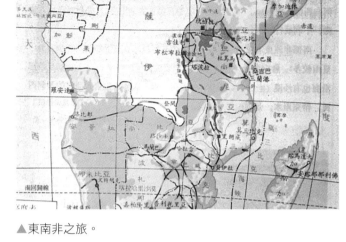
▲東南非之旅。

▶此為非洲五霸，所以矛、盾是最佳攻防工具。

Ｄ 亞洲

㉗ 阿曼國旗左上角有一把帶劍鞘的阿曼短劍及兩把刻有花紋的彎刀，顯示不惜以武力捍衛國家主權和獨立。

阿曼王國國王 Sultan Qaboos，1970 年即位，積極推行現代化，對不同產業限定目標，未能達成即予處罰，人稱阿曼化（Omanization）。初到阿曼，第一印象到處都是國王照片。

除了國王照片有短劍外，阿曼人也喜歡腰間插支短劍，代表身分象徵，後來旅遊「葉門」，更是人人一劍，可稱佩劍之國。

▲國王照片上，其腰間插有國旗上的短刀。

在阿曼晚會上表演「彎刀舞」，隨著音樂節拍，吆喝聲不絕於耳，表示為國家的獨立、自主，不惜以武力捍衛。

在伊斯蘭教教徒為保衛宗教或反抗異教而從事的戰事，稱為「聖戰」。死於聖戰者，靈魂可獲救贖，進入天國。

▲在阿曼首都馬斯開特（MUSCAT）市集，見阿曼國旗與當地人合影。

◀當地人佩劍是代表身分象徵。

▲阿曼的彎刀舞。

28 阿曼民風還相當保守，男著白袍，女則一席黑服，更守舊者僅露兩眼。

在可蘭經第二十四章第三十節明確記載，女子要遮其羞體。除臉部、雙手、兩足之外皆為羞體，在部分保守伊斯蘭教婦女採取包頭巾、蒙面、穿長袍的款式。

▲筆者太太與阿曼女子合影。

第七章 07 用文字看國旗

　　一般國旗少有文字，大多是由色彩或圖案組合而成，有文字幾乎可歸二類，其一是中南美洲拉丁語系國家，在國旗上的徽章，顯示與國家獨立有關文字，在上一章「用徽章看國旗」中已加以說明，所以本章不重複；其二是回教國家，國旗上的文字幾乎都與宗教有關。

❶　沙烏地阿拉伯的國旗包含了文字，文字之多還屬世界之冠。

　　沙烏地阿拉伯國旗的白色文字，由右邊看到左邊，意思是：「阿拉是唯一真主，穆罕默德是先知」。

　　其文字下方的寶劍表示保護聖地麥加的象徵，說明阿拉左手拿可蘭經，右手拿劍，若認同回教可蘭經的精神，就表示彼此是像兄弟姊妹般的關係，不認同則以武力相向（聖

▲沙烏地阿拉伯國旗上的文字意思是：「阿拉是唯一真主，穆罕默德是先知」。

戰）。聖戰阿拉伯文 Jihad，即英文 Holy War 之意。在可蘭經中的刑罰，仍有「以牙還牙，以眼還眼」的原則。

　　佛教提倡不殺生。不殺生是一種慈悲，不殺生而護生，進而倡導生權平等，生態保育，積極的生命教育。

　　生命不在長短，而要開拓宏觀的生命視野，建立正確的人生觀、道德觀和價值觀，生命的可貴在於活得對自己有益，活出生命的意義和尊嚴。

◀國旗上的劍代表不認同回教者，則武力相向。

天主教（基督教）的愛是「博愛」的表現，不同於自私的愛和特定對象的小愛，不分國籍、種族，是種「四海之內皆兄弟」的博愛。博愛精神為基督徒奉為至高無上的準繩。

▲佛教主張慈悲。

◀天主教主張博愛。

2 伊朗國旗上出現「阿拉很偉大」的文字，共出現上下兩排，各重複十一次（宗教領袖柯梅尼推翻巴勒維王朝是在 2 月 11 日，故上下各十一句），合計二十二次。國旗中的綠色表示回教什葉派，白色代表和平，紅色代表革命與犧牲。中間是劍、可蘭經、回教弦月。伊朗是個古老的國家，以前被稱為波斯。

▲伊朗國旗上的「阿拉很偉大」文字，上下各重複十一次。

3 現在的伊朗仍以宗教掛帥，其地位超過政治領袖。

2005 年伊朗總統選舉，必須伊朗宗教最高領袖點頭，內賈德才正式成為伊朗總統。1989 年英國作家 Rushdie 寫了《魔鬼詩篇》（*The Satanic Verses*）有辱先知，被伊朗柯梅尼下令格殺勿論。

▲伊朗以宗教掛帥，神權高於一切（看板上宗教領袖與政治領袖並列）。

④ 伊朗女性五歲起就得穿戴頭巾，教規甚嚴，必須遵守。

伊朗革命衛隊會拿著油漆巡邏，看到女生沒包好，如手沒包好，就會漆手臂，並輸入電腦；至於頭部也不可露出頭髮，否則會抓來噴漆，將頭巾看得比貞操重要，好可憐的伊朗女生！

▲伊朗的女生從小就戴頭巾。

⑤ 筆者和太太在伊朗觀光旅程中，也必須入境隨俗，伊朗政府連女性觀光客也會要求需穿戴頭巾。我們在搭乘國內飛機時，在機艙內也不可以把頭巾拿下，而且伊朗嚴格禁酒，一經查獲會罰重款，並終生不得入境。

▲連女性觀光客也不能免俗。

⑥ 汶萊國旗中繪有上弦月，黑白兩色代表兩位有功於國家的親王。在弦月上的阿拉伯文則提到：「在真神的指引下獲得繁榮」；下面的飾帶寫著：「汶萊和平之國」。上弦月則意味著汶萊是個回教國家。（在回教國家甚少用黃色）

▲汶萊國旗所繪的上弦月，有遵循阿拉旨意及和平之地的意思。

汶萊盛產石油，國王哈山財富高居世界各國國王第二。

汶萊是個回教國家，每一新任蘇丹上臺，都會蓋美輪美奐的清真寺。現任蘇丹正值第二十九世國王，就蓋有二十九個金蔥頭的圓頂，是汶萊著名的地標，是世界在位第三久的國王。

▶汶萊盛產石油（第十億桶石油紀念碑）。

◀汶萊第二十九世國王清真寺，
美輪美奐。

伊拉克國旗也採用阿拉伯色彩的雙對比色（黑白紅綠），有三顆五角星代表伊拉克、敘利亞、埃及三國團結合作，進而促成大阿拉伯聯盟，仿效埃及納瑟將軍，統一整個阿拉伯世界，當年入侵科威特就是此動機。

2003 年 3 月，聯軍攻打伊拉克，推翻海珊政權，並公布新國旗，白色象徵和平，新月代表回教，二條藍線就是肥沃月灣之幼發拉底河及底格里斯河，黃色是少數民族的庫德族。由於顏色太像以色列國旗，受到強烈反對，國旗壽命很短暫。

伊拉克的海珊是個傳奇人物，備受歐美西方世界的痛恨，但卻是阿拉伯世界人民心目中的大英雄，無奈美伊戰爭成為階下囚。所謂成王敗寇，古今中外皆然！

1990 年波斯灣戰爭，海珊總統親自書寫阿拉伯文「真主偉大」字樣在三星之間，藉此激勵軍民士氣。後來海珊倒臺後，伊拉克新政府反對藍色新月旗，復用海珊時代的國旗，但把「真主偉大」的手寫體改為印刷體，以示有別。

在回教世界嚴禁崇拜偶像，藝術傾向抽象，所以阿拉伯的文字書法變得灑脫雅致，一如中國書法的行草，如改為印刷體，就少

▲早期伊拉克國旗。

▲推翻海珊政權後的新國旗。

了那份意境，在回教教義，只有神是創造者，
模仿神創造人（繪畫、雕刻、照像）是褻瀆
的。

◀伊拉克國旗。（此旗僅使用至 2008 年 1 月，自
　1 月 22 日起已更換新旗。）

◀阿拉伯文字一如中國書法，有各種
　文體。

▲伊拉克的海珊是個傳奇人物。

Notes

從歷史淵源看國旗

① 中國自古一直沒有正式國旗,到清末才決定用長方形的黃底青龍旗為國旗。1906 年同盟會在東京討論中華民國國旗,有下列幾種主張:

1. 由黃興主張之井字旗,象徵周朝井田制度之社會主義。
2. 由孫武主張之十八星旗,代表十八省,紅底是鐵血主義。
3. 由孫中山主張之青天白日滿地紅,紀念陸皓東及烈士鮮血。
4. 由宋教仁主張之五色旗,代表五族共和、五行相生之意。

▲中華民國國旗之不同主張(攝於南京舊總統府)。

② 中華民國誕生後,參議院議定五色旗為國旗(袁世凱稱帝略有更動,但原則還是五色旗),青天白日旗為海軍旗,十八星旗為陸軍旗,當中國各地還以五色旗為國旗,1924 年在廣州國民黨則以青天白日滿地紅為國旗。1926 年蔣中正出師北伐,一路推進,因東北王張作霖被炸,其子張學良通電易幟,即本來掛五色旗改掛青天白日滿地紅旗。1928 年北伐成功,青天白日滿地紅旗飄揚全國。這面國旗是中國近代史的重要見證。

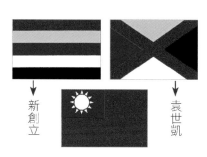
新創立 ↓
↓ 袁世凱
▲中國國旗之演變。

③ 東北在日本的扶植下,溥儀在長春即位,成立滿州國(1932 ～ 1945),並有甚多國家承認,其國旗仍是五色旗。根據五行五色,紅色代表南方,青(綠)色代表東方,白色代表西方,黑色代表北方,黃色代表中央,即中央政府主統四方。

◀滿州國五色旗（攝於長春滿州國皇宮）。

4 談談民國初建的五色旗；中國自古以來有此一說，不同朝代使用不同顏色，所謂五色五行，相生相剋。

以東（木）→西（金）→南（火）

→北（水）→中（土）為相剋，反向則為相生。

如：一株「青青」樹「木」，最怕「白白」斧頭（金）砍伐；所有金屬（白）受「紅紅」「火」焰來燒，就熔化了；紅紅烈火，碰「水」來沖，馬上熄滅（水屬黑）；又水來了，當然水來「土」掩，土乃「黃」土也。

▲金木水火土五行，相生相剋。

5 先從一千四百年前的唐朝（西元 618 年建國）談起，唐朝定都長安，是在「黃」土高原上，以「黃色」為主色。絲路之旅，在西安安排「大唐之夜」，樂師穿著「黃」服，演奏清平調。

黃土高原黃沙飛揚，如何剋它，就是種「青」草、植「青」木！

▲唐朝的樂師穿著黃服。

❻ 　唐朝之後，就是宋朝了，「宋」字就是寶蓋下有「木」，木即青色。在故宮博物院有一宋仁宗皇后及女宮之畫像，是著「青」色服飾。

　　「青青」樹林，最怕白色斧頭、鋸子來砍伐。

▲宋仁宗皇后之青色官服。

❼ 　南宋（青）為忽必烈所滅，登臺的就是元朝。在臺北故宮博物院可見成吉思汗、忽必烈及其他元代君王畫像，皆身著「白」袍。

　　白色的金屬，最怕「紅」火來淬煉。

　　秦末劉邦起義，有「赤帝斬白蛇」的傳說，意味紅色的秦朝就要被白色新的王朝取代。

▲身著白袍的成吉思汗。

❽ 　白色的蒙古大帝國為朱元璋所驅逐，明朝是屬「火」的「日」「月」，故為紅色取代，元末起兵之士，還被稱為「紅巾賊」。

　　在彰化花壇的臺灣民俗村中有一鄭和下西洋之模擬區，入區就有大明「紅」旗。民俗村中也展示明朝家具，都用紅木所做，俗稱「紅眠床」。

▲出土之大明「紅」旗及紅木床。

9 　紅色的明朝，為黑色（水）的清朝取代，因火為水所熄之故。在電視清朝歷史劇中，皆可見身著「黑」色官服（如宰相劉羅鍋）。筆者數年前赴山東濟南講學，順道參觀孔府、孔墓、孔林、孔廟，看到身著古裝「黑」色清朝服飾在祭拜。

▲身著清朝黑色服飾祭拜。

　前述臺灣民俗村之清朝家具盡是黑檀木所做，俗稱「黑眠床」。

10 　「驅逐韃虜，恢復中華」五色輪完，又回到原來的「黃」色，就是「水」來「土」掩了！

　筆者年輕歲月，在學校的制服，從小學至大學都是卡其裝（黃色），所有軍、公、教人員清一色皆為卡其服裝。

▲筆者（右者）服役軍校擔任教官職的卡其制服。

11 　中華民國（黃）被中華人民共和國（青）取代。中國大陸剛開放，前往參訪，赫然發現所有作業員，擴及全中國皆穿青（藍）色服裝，外國記者還稱為「藍色的工蟻」。執筆至此，不禁為五行五色，相剋相生拍案叫絕！

▲早期到大陸參訪，作業員都穿藍色工作服，吃大鍋飯。

12 　美國學者 Hal M. Switkay 教授評論中華民國國旗「滿地紅」及中國的「紅旗」，代表烈士鮮血，充滿血腥味！而圖案中的「青天白日」及「大黃星」都是國味不足，黨味有餘，如能將中國風味的五色旗加上方位（見本單元 **4** 圖），每一顏色有各自方向，並按五行排列，叫人拍案叫絕！

◀依五色五行想像中的國旗。

13 大韓民國國旗為「太極旗」，源自中國古代的觀念——中央的太極為陰陽調和之宇宙、生生不息，四周之線條代表「離（左下）、坎（右上）、乾（左上）、坤（右下）」等深奧的卦象境界，旗面的底色則採韓國自古稱為聖色的白色，是神聖的國土及對和平的熱愛。

1892 年 8 月，韓國李氏王朝派使臣朴泳孝和金玉筠到日本去談判，當時李氏王朝還沒有國旗，二人認為作為國家代表一定要有國旗，在航行中，決定用「周易」中的太極為圖案，隔年正式頒布該旗為國旗，上紅下藍的太極代表宇宙的平衡及和諧，如陰與陽、火與水、晝與夜、冷與熱、正與負、建設與破壞等。

▲韓國的國旗，又稱太極圖，極富中國哲學。（ 2004 年在雅典奧運開幕式，國旗上下反向繞場）依左上、左下、右上、右下，則線條為 3,4,5,6。

▲四周圖案代表八卦的離、坎、乾、坤（自天下第一雄關——嘉裕關所攝）。

在絲路經嘉裕關拍攝太極與八卦圖在城樓上，代表威鎮邊關。八卦就是乾、坤、兌、離、坎、震、巽、艮，八卦的相生相剋原理，演變為八八六十四卦，韓國國旗從八卦中選了四卦，即乾卦代表天，坤卦代表地，坎卦代表月，離卦代表日，充滿宇宙調和發展的理想。

◀中間代表宇宙陰陽的太極（攝自韓國民俗村）。

14 在韓國的民俗村及韓劇中，人民常著白色衣服，還自稱白衣民族，認為白色是神聖顏色，所以國旗以白色為底（與日本一樣）。回溯歷史，以前韓國染料技術不佳，所以衣服乾脆用素色（白色），有錢或重要慶典才穿有顏色的衣服（如圖片上的小新郎），很多有顏色的布料來自中國。

▲韓國人以白色為神聖顏色（攝於韓國民俗村）

15 藍、白二色是以色列的傳統顏色，中央六稜星是以色列民族的傳統標誌，稱為「大衛之星」，把它放在國旗上，祈求大衛王庇佑國泰民安。

　　在中東諸國幾乎都不用藍色，給人有與眾不同感覺。

▲以色列國旗有六角星，代表有名的大衛王。

16 旅遊以色列在有名的「哭牆」，見眾多猶太人穿著傳統的披肩真誠禱告，披肩就是藍、白兩色。

▶藍、白二色係在祈禱所披的披肩主色。（攝於以色列哭牆）

17 大衛王是西元前十世紀左右的以色列國王，也是猶太民族第一個國家，大衛王所持的盾牌（ Magen David ）上六角星記號（與非洲蒲隆地唯二的六角星）。

　　猶太人的六角星，先從神話及宗教的古老符號演變成政治圖騰，成為以色列的象徵。

▲大衛王六角星代表猶太人的盛世（在以色列耶路撒冷所攝）。

18 耶路撒冷為耶穌布道及殉道的地方。圖上為筆者位於聖墓堂所攝，此地被基督徒尊為最神聖所在，這裡是耶穌被釘十字架，被埋葬及復活之處。

▶耶路撒冷亦是基督教聖地。

19 金頂清真寺是回教第三聖地，為穆罕默德騎馬升天之處，西元 709 年建教堂屋頂金箔覆蓋。

▶耶路撒冷亦是回教之聖地。

20 柬埔寨脫離法國獨立後，卻因為政變和內戰持續發生，使得國旗設計經常改變。但是不管怎麼改變，其國旗象徵圖案仍是吳哥窟，因為吳哥窟是柬埔寨最驕傲的歷史建築物。此一國旗是 1976 年赤棉所使用。

▲赤棉時代的柬埔寨國旗有一歷史建築。

1970 年美國支持柬埔寨龍諾將軍推翻施亞努國王，共產主義的「赤棉」與軍事政府內爭，1975 年赤棉取得政權，實施共產制度，全國八百萬人中，在二年內死於饑荒、奴役、蹂躪有二百萬人以上，並在學校改建赤棉監獄，後來改成「罪惡館」，也是參觀景點之一。

1979 年越南扶植的橫山林軍隊驅逐赤棉，成立柬埔寨人民共和國，到 1989 年改為柬埔寨國，國旗顏色改上紅下藍，而吳哥窟則加上線條。

1992 年柬埔寨還在內亂，在聯合國調停下，在 1993 年改為柬埔寨王國，

由廢王施亞努重任國王（2005年8月退
位，由其子拉納瑞德繼任），恢復使用王
國國旗至今。國旗上仍有吳哥窟（千年吳
哥窟原埋沒荒煙叢林中，1859年由法國
博物學家穆奧 Henri Mouhot 所發現）。

▶赤棉罪惡館中的萬人塚。

◀在越共統治時代，也有此
　一建築，國旗是以青、
　白、紅色系，受到宗主國
　——法國的影響。

▶現在國旗亦有此一建築。

21 吳哥窟（Angkor Wat）是世界奇景之一，是1150年真臘王朝中最著
名的寺廟，建築成西方極樂世界之形象，歷時四十年才完成，分為大
小吳哥窟。大吳哥窟已破壞倒塌、斷瓦殘
垣，小吳哥窟則保存良好。其中五座玉米
狀的高塔，是用龐大岩石重疊砌成，最有
名的是迴廊雕壁畫長廊，被認定為建築藝
術的奇蹟，並列入世界文化遺產。歷年
來，柬埔寨國旗均放小吳哥窟的圖案。現
在小吳哥窟成為著名觀光景點，為柬埔寨
帶來大筆觀光收入。

▲這就是赫赫有名的吳哥窟。

22 巴拿馬國旗上繪有兩星——紅星代表大西洋之星，青星代表太平洋之
星，意指巴拿馬位於兩大洋之間。紅方塊代表北美洲，青方塊代表南
美洲，巴拿馬位居兩大洲之間。換句話說，巴拿馬是名副其實的擁有重要樞
紐地位。

◀巴拿馬國旗中的兩星分別代表太平洋及大西洋，兩方塊則代表北美洲及南美洲。

▶筆者在巴拿馬運河留影。

　　國旗為第一任總統格雷羅所設計。

　　巴拿馬運河是通過巴拿馬地狹及湖泊而貫穿太平洋、大西洋的運河，與埃及的蘇伊士運河齊名，深具世界戰略地位，有「世界橋梁」之美稱，被稱世界第八奇景（好像兵馬俑）。原本美國對運河區有統治權， 1999 年 12 月已經歸巴拿馬所有。

23 1881 年開通蘇伊士運河的法國公司前來開鑿巴拿馬運河，但蘇伊士運河是西奈沙漠，一望無際，而巴拿馬是熱帶雨林，有毒蚊沼氣等，造成水土不服，又蘇伊士運河貫穿紅海及地中海，水位相差無幾，而巴拿馬運河連結二大洋，潮汐、水位完全不同，致被迫中斷。1914 年才由美國接手成功，並取得巴拿馬航權。

▲巴拿馬運河調度中心。

　　巴拿馬運河上下水位不一樣，因為兩大洋水位不同，所以必須要爬水梯。全長八十一公里、六座船閘，巴拿馬運河大大改善二洋之運輸。

▶通過巴拿馬運河好像爬水梯，其上下水位是不一樣的。

24 這是一本香港出版的《世界狂人》——人類世界恐怖之源。此圖有賓拉登、海珊、格達費等人,而利比亞格達費居首。

格達費執政後公開支持恐怖活動,並與美軍交手,製造 1988 年有名的洛克比空難,也遭致美國政府對其暗殺而失去女兒,水火不容。格達費曾有相當改變,積極擺脫國際棄兒處境。

▲此為香港出版的《世界狂人》,利比亞格達費居首。

25 筆者從突尼西亞進入利比亞,是全世界機場唯一沒有英文的。在利比亞到處可看到格達費(Qadhafi)的照片,他主政後建立純回教國家。

美國在 1993 年將伊拉克、古巴、伊朗、伊拉克、北韓、蘇丹、敘利亞列為流氓國家(Rogue States)。

▲在利比亞到處都可以看到格達費的畫像。

26 利比亞曾經在 1972 年 1 月 1 日和埃及、敘利亞合組阿拉伯聯合共和國,共用同一面紅、白、黑顏色的國旗,但是在 1977 年埃及對以色列表示親善後,就引起格達費反感,因而把國旗改為綠色。

因為綠色是回教本色,所以格達費規定國旗及門窗都要是綠色,甚至連滅火器也不例外。

穆罕默德當年興教時,頭戴綠頭巾,手持綠旗,大打「聖戰」。綠色是回教最神聖的顏色,曾是全世界單一色的國旗。

▲格達費規定國旗及門窗都要是綠色的。

▲甚至連滅火器也是綠色的。

◀利比亞國旗曾是世界
　單一色的國旗，因為
　綠色是回教本色。
▶ 2011 年 2 月 27 日
　廢除原有「綠旗」，
　恢復原來之國旗。

　　1951 年 10 月 24 日利比亞自英法託管中獨立為王國，採行紅、黑、綠
三橫條，中央加上白色弦月抱星。 1972 年與埃及、敘利亞使用共同旗誌。
1977 年使用全綠旗。2011 年 2 月強人格達費被推翻，改立 1951 時代之國旗。

27 　　利比亞曾是世界最簡單的國旗；相對地，
海地國旗則是世界最複雜的國旗。海地
是加勒比海的島國，居民都來自非洲的黑人
（奴），1492 年為西班牙領地，1697 年割讓
法國，於 1804 年 1 月 1 日獨立，是第一個從
奴役狀態解放的黑人國家。

　　國旗上有棕櫚樹、自由之帽、六支有刺刀
的步槍、六面國旗、兩尊大砲、二十四顆炮彈、
一個大鼓、兩支號角和戰斧，兩側還有三角旗
及金錨等，小朋友要畫國旗肯定不耐煩，所以
非正式場合就沒有徽章了。

▲國旗內有椰子樹、刺刀、槍、
　炮、炸彈、國旗、鼓、號角、
　三角旗、金錨等，代表勇敢善
　戰、不屈不撓的精神。

◀海地國旗是世界上最複雜
　的國旗（藍紅兩底色來自
　法國國旗，但去掉象徵白
　人的白色）。

28 神聖羅馬帝國皇帝頒一個紅白的勳章，表彰雷歐伯德大公的英勇，奧地利根據這份史料，為了紀念死去的壯士，就把國旗設計為紅、白、紅，這就是奧地利國旗的由來。

歐洲曾經發生第三次十字軍東征，傳說 1193 年在一場激戰中，率領十字軍的奧國大公雷歐伯德五世所穿的戰袍上下皆沾滿了敵人的鮮血，只有中間護甲部分沒有為血水所染，依舊是白色的。

▲ 1193 年奧國大公率領十字軍東征。

▶班師回營，滿身鮮血，脫下盔甲成紅白紅，這就是奧地利國旗來源。

29 在維也納仍可觀賞手持奧地利國旗表演古典傳統的騎馬術，這種高貴純良的馬種，馬匹嘶鳴，馬蹄翻飛，揚蹄躍起，騎士與馬匹合而為一，彷彿又看到雷歐伯德大公戰鬥英姿。

想不到像奧地利這樣的音樂之都，也有如此血腥的故事。奧地利首都維也納，是舉世皆知的音樂之都，也是音樂的化身，諸如海頓、莫札特、舒伯特等大音樂家均出身於此。

▲在維也納仍可觀賞手持奧地利國旗，表演古典傳統的騎馬術。

▶這是在維也納音樂家莫札特（ MOZ-ART ）的塑像。

(30) 拉脫維亞於十八世紀時曾被俄國併吞，1917年俄國發生革命，拉脫維亞趁機獨立，到了1940年6月蘇聯入侵拉脫維亞，同年7月成立拉脫維亞蘇維埃社會主義共和國。1991年趁蘇聯政變之際，拉脫維亞再度宣告獨立。

最早出現的國旗是紅色加上白橫條，出現在遠古時代拉脫維亞部落與愛沙尼亞部落交戰時，有位烈士成仁，覆蓋白布，不久血染白布，只剩腰身留一線白未染紅，把它當作國旗式樣。後來將紅色改為暗紅色，而拉脫維亞國旗特有的暗紅色在國際間習慣稱為「拉脫維亞紅」。國旗與奧地利頗為相似。

與奧地利一樣，國旗的故事充滿紅色血腥，然到了拉脫維亞卻是處處樂聲，一片祥和，在旅途中知道，波羅地海三小國──拉脫維亞、愛沙尼亞、立陶宛於1991年率先脫離蘇聯獨立，三國人民手牽手組成人鍊（human chain），足足五九〇公里，俄軍不敢踰越。2004年2月28日，臺灣有百萬人手牽手護臺灣活動，即受其啟示。

▲拉脫維亞也有相同故事。

▲有一位烈士犧牲，血染白布，只剩腰身未染紅色。

▶拉脫維亞、立陶宛、愛沙尼亞就是波羅的海三小國，為前蘇聯十五加盟國中最富裕的國度。

(31) 世界唯一非方形的國旗，就是尼泊爾國旗。此國國旗非常特別，有別於一般長方形國旗，它是由兩個三角形所構成，國旗上有日月（全世

界國旗唯一彎月有光芒的），紅色為底色，代表生命能量，藍邊象徵和平與自然。

　　一個較大，一個較小，呈鋸齒狀形式，分別代表尼泊爾國家內第一高峰及第二高峰，也是世界第一高峰（聖母峰八八五○公尺）及世界第三高峰（千城章嘉峰八五八六公尺）。

　　世界有十四座八千公尺的巨無霸高山，有八座在尼泊爾。

◀尼泊爾國旗是世界唯一非方形的國旗。

▶尼泊爾國旗的尖角代表世界高峰位在該國內。

32 尼泊爾是個內陸山國（如瑞士），又是農業國，太陽與月亮（有光芒）相當重要，如天神雙眼。尼泊爾還維持很古老風貌的建築，值得一看。

　　百年來有二次皇室被屠殺，一則1918年俄國大革命，沙皇羅曼諾夫一家七口死於非命；再則2001年尼泊爾王儲一時氣憤，槍殺皇室成員八人，震驚全球。

▲在尼泊爾古城區留影。

33 泰國曾是臺灣最大外勞的來源，也是國人最常去觀光的地方（俗又大碗），午後都會下場大雨，可以消暑。

▶泰國王宮。

34 眾所周知，非洲象體積較大，比較凶悍，而亞洲象則比較溫和。在泰國有很多象，可以用來坐騎，搬運木材，近來也做觀光娛樂用。泰國人與大象有深厚的情感。

▶泰國大象可以乘坐、搬運、觀光。

35 大象突變種的白象，被視為吉祥之物，以前君王以擁有白象為美談。有一傳說，君王受人民愛戴，上天就會賜予白象，皇帝還會為牠裝修黃金打造的帳篷。

◀白象神奇、尊貴、神聖，具帝王架式（可惜只能拍外景，不能入內參觀）。

▲早期泰國白象旗。

36 現在泰國有十一頭白象，全屬國王所有，如果發現新白象要火速送呈國王。傳說白象是所有逝世國王靈魂的結合，是泰國的精神標竿，有敵人來襲，將領軍擊退，所以國旗設計為紅底白象。

▲泰國國旗。

37 有一次皇帝出巡，發現國旗倒掛，十分震怒，1917年就改成今天這面不會顛倒的國旗，紅色代表全體國民團結一致，白色代表佛教及其化身——白象，藍色是母親河——湄南河及泰國王室。而且當時正值第一次世界大戰，用藍白紅三色與法國及英國相同，表示支持，站在同一陣線。

38 國旗上的藍色代表王室，泰國國王蒲美蓬是世界在位最久的國王（第二位是英國伊莉莎白二世），萬人崇拜，在他六十歲生日還發行泰銖六十正方大型的紀念鈔票（幾乎是一般鈔票的二倍半）。 2006 年登基六十週年，現已大大超過中國歷代任何君王之在位年限，也發行六十元紀念鈔票！泰國國王及國旗代表國家，意識之強烈遠超乎外人想像！

▲泰皇蒲美蓬六十歲紀念郵票。

39 若是將泰國國旗紅藍對換，居然就是哥斯大黎加的國旗，有趣吧！哥國是沒有軍隊的國家，人稱「中美瑞士」。

▶哥斯大黎加國旗。

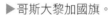

40 各位讀者注意看，這架飛機上像有類似中華民國國旗，莫非是華航？不！華航已採用梅花標誌了。

◀飛機上有中華民國國旗標誌，其實是雷同。

41 我們從泰國邊界去「金三角」訪問，也看到中華民國的國旗在飄揚，莫非兩國又建交了？金三角位於泰國、寮國、緬甸交界處，種植提煉鴉片的罌粟樹。（另一種毒品古柯鹼，則產於南美洲的哥倫比亞、祕魯、玻利維亞。）

◀在泰國邊界赫見中華民國國旗。

42 真相大白！這是前緬甸國旗，真的有夠像，特別在空中飄揚時，唯妙唯肖。

緬甸國旗的紅色是勇敢，白色是純潔，藍色是和平，稻穀和齒輪是農工，十四星代表行政區。2010年10月21日啟用新國旗，黃、綠、紅三橫線，正中一顆大白星。

▲前緬甸國旗。

43 緬甸國旗和中華民國國旗很相似，是有其道理的。第二次世界大戰後期，日本占據東南亞大部分，正揮兵入緬，緬甸是英國殖民地，當時歐洲已自顧不暇，求助中華民國，派遣精銳的孫立人兵團大敗日軍，林旺大象也是戰利品，緬甸人對神勇國軍（國旗）崇敬有加。

▲孫立人遠征軍（載自八年抗戰檔案）。

44 為了聲援緬甸戰役，美國飛虎空軍也參役，為怕誤傷（語言不通），美國飛軍皆「背國旗」，連洋人都有中華民國國旗，緬甸人更五體投地。俟緬甸脫離英國獨立，就以中華民國國旗為藍本，做標竿學習。

▲飛虎隊背著國旗。

45 同樣在東北非的「非洲之角」索馬利亞久經
戰亂，在聯合國託管下獨立，為紀念聯合國
功績，也採取與聯合國同一顏色的底色，上頭加五
角星，代表五個地區（2005 年 9 月海盜打劫臺灣漁
船成新聞焦點）。如果把藍底改成紅底，白星改為
紅星，那就是越南國旗，在國旗趣味獎就稱「最佳
配套獎」，好像一款衣服有兩種式樣。

▲索馬利亞國旗。

46 印度為明日金磚四國（BRIC）：巴西、蘇俄、
印度、中國，十分熱門的國度，國旗有橘白
綠三色，白色代表光明，綠色代表忠誠及大地，橘
色代表融合，中央有一法輪，法是真理、規範，輪
是廣傳四方，法輪是古印度文明的象徵。

▲印度國旗。

47 國旗中央有一個阿育王時代的法輪，阿育王
孔雀王朝相當於中國的漢唐盛世，佛教在他
在位時，派高僧傳播到亞洲各地，成為第一個世界
性的宗教。在出土的石柱頭上有獅子，是佛教的象
徵，其下有法輪，共有二十四條輪幅，是一天
二十四小時，「天行健，君子以自強不息！」而且
法輪又像甘地不合作主義自行紡紗的紗輪，古今輝
映！

▲阿育王時代的獅子與
法輪（攝於新德里歷
史博物館）。

48 在阿育王時代佛教鼎盛，後來漸漸式微，現在信仰者只占少數人（用
橘色表示），又恢復到了絕大部分人信仰的印度教（用白色表示），
而印度曾長期受蒙兀兒王朝統治，帶來回教，有名的泰姬瑪哈陵就是回教陵
墓建築。回教徒在印度占 12％（用綠色表示），三色合一象徵和平共處，
以前我們也喊過五族共和！

◀象徵回教建築的泰姬瑪哈陵。

49 國旗上的三色，亦可就地理景觀說明，白色即峰峰相連到天邊的喜馬拉雅山脈（中印邊界），綠色是肥沃的恆河大平原，是印度的穀倉。橘色即是在印度南部德干高原的顏色，有豐富的煤鐵礦。

▲飛越喜馬拉雅山的證書（一趟一百二十美元）。

50 印度的恆河在印度教徒心目中是一條聖河，由女神來化身，恆河的水可消除一切罪惡，恆河的泥沙點在頭上可增智慧，家中放一罐恆河水，婚禮灑點恆河水都會帶來幸福，死後骨灰撒在恆河，可得到解脫。印度教是反覆的輪迴思想，而基督教、回教、猶太教所說是死後得永生。

▲神祕的恆河（筆者坐船上拍攝）。

51 在印度商旅旅次與印度客人言及國旗涵義，讓對方十分感動，是最佳之「話引」，爭取友誼，進而為商機加分！

▶在印度商旅，擺兩國國旗。

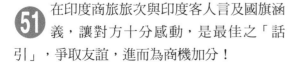

Notes

從其他角度看國旗

A 相同

1 羅馬尼亞的國旗也受法國三色旗影響（同屬拉丁人種），從藍、白、紅變成藍、黃、紅。羅馬尼亞是由摩拉維亞（Moldavia）與瓦拉幾亞（Wallaehia）兩個公國合併而成，前者是藍色，後者是黃色，紅色是雙方共同顏色。

▲羅馬尼亞國旗（攝於著名的吸血鬼「德古拉伯爵」住過的城堡）。

2 無巧不成書，非洲的查德也用此三色，因查德是法國殖民地，將其藍、白、紅加上非洲三原色紅、黃、綠調配合成，居然二國國旗一模一樣。

▲查德國旗。

B 相反

3 上紅下白是十三世紀東爪哇島的馬札帕希特王朝的旗誌，最後統一了印尼諸島，向荷蘭爭取獨立也是高舉此面大旗。很巧的，歐洲小國摩納哥也使用同樣國旗，紅白色源自公國親王旗的顏色。

▶印尼國旗（位印尼火山口，南亞海嘯就在印尼外海發生）。

4 波蘭國旗與印尼恰恰相反，上白下紅，當年希烈大帝建國受到啟示，一隻白鷹（上白）在紅色夕陽下飛翔（下紅），白鷹所飛之處即定都之處。

▶ 波蘭國旗（位二戰集中營門口，曾毒死猶太人數百萬人）。

5 愛爾蘭的國旗是綠白橙三色。綠色代表天主教居民，橙色代表英國國教居民，白色象徵彼此兄弟之情。綠色與橙色互換，就成非洲象牙海岸國旗了。

▲愛爾蘭國旗。

C 相似

6 原先巴林紅白有八個鋸齒（八個部落），卡達有九個鋸齒（九個酋長國），白棕相間，紅棕顏色接近，遠遠一看，幾乎難以分辨。巴林八個鋸齒改為五個，即回教五功：念功（念可蘭經）、拜功（日拜五次）、課功（交宗教捐）、齋功（九月齋月）、觀功（麥加朝聖）。鋸齒改少，但還是難以分辨。早期赴巴林，所持國旗仍為八鋸齒，與卡達九鋸齒唯妙唯肖，加上旗桿上的國旗暴曬戶外，紅色漸成咖啡色，誠如「木蘭辭」結尾所言：「雄兔腳撲朔，雌兔眼迷離，兩兔傍地走，安辨我雄雌？」

▲巴林國旗。

▶參觀巴林博物館，與館長合影。

7 卡達上有九個鋸齒,原來也是紅色,後來改成棕色,是世界最長條形的國旗。

◀卡達國旗。

D 國旗之懸掛(兩國場合)

8 兩國國旗不管平行或交叉,當地國(主辦國)立於右方,國際禮儀右者為尊,什麼都能讓,國格不能讓。

▶赴外研習(國旗交叉)。

9 所謂的右邊是以國旗本身立場而論,與我們看國旗恰好相反。

▶接待國賓(國旗平行)。

E 國旗之懸掛(三國場合)

10 二者以右者為尊,若三國場合以中者為尊,尊位是地主國或當事國。

▲同時接待兩國訪客。

▲攝於日本愛知萬博希臘館。

國旗之懸掛（三國以上場合）

⓫

（一）偶數國

    1. 聯合國方式（依字母排列，由右至左，一般 10 支以上）

        如：

        地主國

        阿根廷（Argentina）

        巴西（Brazil）

        中國（China）

        日本（Japan）

▲跨國企業會議（以字母排列）。

    2. 地主國為中心（中央右者為尊，一般 4～9 支）

        如：

        阿根廷（Argentina）

        地主國

        巴西（Brazil）

        美國（USA）

▲跨國企業會議（以地主國中心排列）。

（二）奇數國

    1. 聯合國方式（依字母排列，由右至左，一般 10 支以上）

        如：

        地主國

        阿根廷（Argentina）

        巴西（Brazil）

        中國（China）

        日本（Japan）

        美國（USA）

    2. 地主國為中心（中央為尊，一般 4～9 支）

▲七大工業國（G7）國旗之排列。

如：

中國（China）

阿根廷（Argentina）

地主國巴西（Brazil）

美國（USA）

ⓖ 國旗倒掛

▲德國、阿拉伯聯合大公國、科威特（左一、二、三）通通掛反了。

⑫ 將國旗倒掛引起當事國的人民不悅、抗議，甚至失去商機。

2004 年雅典奧運會開幕典禮，旗手持掛反韓國（南韓）國旗繞場，太極應紅上青下，居然弄反了，外國人難以辨識。

美國聯邦法律規定國旗不可以倒掛，除非人生命或財產處於緊急狀況，可以倒掛示警。菲律賓國旗掛反，表示在戰爭狀況中。

▲左二的俄羅斯國旗掛反了。

⑬ 當國旗受辱，常會引起兩國之紛爭，1858 年英法聯軍的導火線，就是停泊廣州的英船亞羅號被中國水兵登艦檢查，因故拔下英國國旗，於是一場強欺弱戰爭就展開了！

ⓗ 降半旗

⑭ 遇到正副總統死亡或友邦元首逝世或總統下令重大傷亡事件（如陣亡軍警或天災地變）降半旗時，國旗要升到頂才能降下來；取下來之前，

必須再升到桿頂。（美國的無名戰士墓、阿
靈頓國家公墓、珍珠港紀念館常年降半旗。）

▶在美旅次，巧遇降半旗。

⑮2006 年 8 月 20 日烏克蘭旅次，見所有
國旗均降半旗並繫黑絲帶致哀，原來有
架俄羅斯航空飛經烏克蘭上空遭雷擊而發生
空難。一般之機率相當於玩撲克牌，四人分
牌皆清一色，在排列組合上奇低，真是衰！

▲ 2006 年 8 月 20 日俄航在烏
克蘭發生空難，降半旗致哀！

🔲 蓋國旗

⑯依規定國家正副元首（含卸任）逝世，得以用國旗覆蓋靈柩。又對國
家、社會及專業領域有重大貢獻而身亡，經總統明令褒揚，亦得覆蓋
國旗。此外，因公殉職、為國戰死等亦得覆蓋國旗。國旗之降、國旗之覆，
是對亡者最高崇敬，也是對死者親屬深沉慰藉，重申休戚與共立場。

▲北京毛澤東紀念堂靈柩覆旗。

▲美軍海外作戰陣亡者，覆蓋國旗以示哀
榮（攝自美聯社報導）。

J 鈔票上的國旗

科威特

莫三比克

印尼

摩洛哥

俄羅斯

薩摩亞

▲有些國家之鈔票會放上國旗，若干是有故事性的，加深人民向心力。

K 國旗紀念碑

⑰ 阿根廷 10 元鈔票，背後有國旗紀念碑。在 1810 年爆發五月革命，領導反抗的貝爾格拉諾將軍（Manuel Belgrano，1770-1820）親手設計阿根廷旗誌，在國旗引導下，打敗西班牙殖民軍，國人將其逝世的 6 月 20 日定為國旗日，並破土興建紀念碑，座落第二大城市羅薩里奧（Rosario），將它當作歷史文物保護。

▲國旗是國家象徵，阿根廷專門為國旗豎立一座紀念碑，為世界上獨一無二。

L 孤星淚

18 二次世界大戰後，臺灣、韓國、越南、德國屬於「不正常國家」，都是冷戰產物，半世紀過了，越、德統一，韓國依然分裂，南、北韓雙雙進入聯合國，臺灣依然無法成為正常國家。

▲在國際上任何場合，很少看到我們的國旗。

19 臺灣的畸形存在史無前例，活在歷史夾縫中，美國對臺政策由「不讓臺灣落入共黨手中」到「長期維持兩岸分裂」，世界局勢一變再變，臺灣依然國不成國。

▲投宿克羅埃西亞首都的 Hotel PALACE，櫃檯掛滿萬國旗。

20 除了在某特定場合外，幾乎很難看到我們的國旗，為典型的「國際孤兒」。2007 年夏，投宿克羅埃西亞首都 Hotel PALACE，在櫃檯赫見我們的國旗，真是哽咽心頭。

歷史要自己創造，國家也要自己建構，面對嚴酷的現實，才能夠打出活路。

▲在克羅埃西亞飯店赫見我們的國旗，百感交集。

第十章 10

七大分類列表

顏色類

以紅色為主——大部分為共產主義國家或象徵烈士或耶穌的鮮血

1

象徵共產主義的國旗

| 中國 | 越南 | 吉爾吉斯 | 前蘇聯 |

| 北韓 | 柬埔寨 | 前南斯拉夫 | 阿爾巴尼亞 |

| 前白俄羅斯 | 東德 | 安哥拉 |

　　另一方面，紅色旗幟在近代歐洲常成為革命的象徵，用以象徵戰爭、獨立、愛國烈士的鮮血及人民的勇氣（中華民國的國旗不是青天白日「滿地紅」嗎？）。不過，在基督教世界裡，紅色則代表耶穌為世人贖罪的血，意味博愛、活力與努力。

❷

象徵戰爭、獨立、愛國烈士鮮血及人民勇氣和耶穌基督博愛精神的國旗

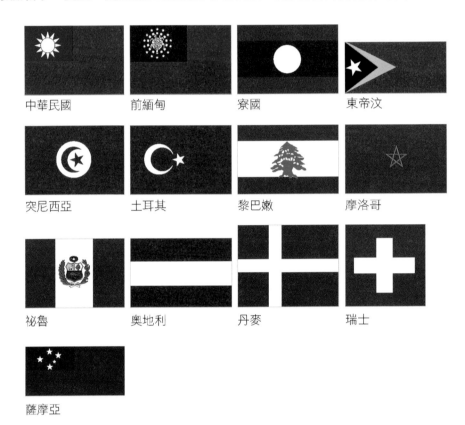

中華民國	前緬甸	寮國	東帝汶
突尼西亞	土耳其	黎巴嫩	摩洛哥
祕魯	奧地利	丹麥	瑞士
薩摩亞			

以綠色為主——大部分為回教國家或象徵農業林地

　　綠色有宗教與非宗教兩種意義：若為宗教上的意義，代表回教的象徵，因回教的創始者穆罕默德所戴的頭巾是綠色的，所舉義旗也是綠色，所以綠色便成為回教神聖的顏色，故回教國家的國旗通常使用綠色。若是非宗教性意義，通常代表農業、草原、森林資源等，以農林為主的國家經常使用。

象徵信奉回教的國旗

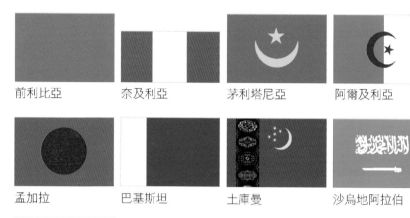

前利比亞 　　　 奈及利亞 　　　 茅利塔尼亞 　　　 阿爾及利亞

孟加拉 　　　 巴基斯坦 　　　 土庫曼 　　　 沙烏地阿拉伯

馬爾地夫

象徵農業、林地的國旗

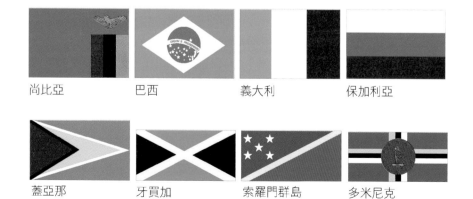

尚比亞 　　　 巴西 　　　 義大利 　　　 保加利亞

蓋亞那 　　　 牙買加 　　　 索羅門群島 　　　 多米尼克

坦尚尼亞　　　匈牙利

藍色——大部分為島嶼型國家（特別是位在加勒比海與南太平洋的國家）

　　靠海的國家大多使用藍色代表大海，尤其是中南美洲及大洋洲的國家，幾乎都以藍色作為國旗的主色。中美洲地區普遍使用淺藍色代表加勒比海，有些藍色代表的是河流、湖泊及蒼天。

鄰近加勒比海的國家

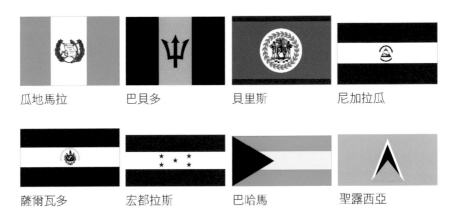

瓜地馬拉　　　巴貝多　　　　貝里斯　　　　尼加拉瓜

薩爾瓦多　　　宏都拉斯　　　巴哈馬　　　　聖露西亞

位於南太平洋的國家

澳洲

紐西蘭

吐瓦魯

斐濟

帛琉

密克羅尼西亞

諾魯

馬紹爾群島

海洋國家

厄利垂亞

希臘

冰島

瑞典

坦尚尼亞

維德角

4

湖泊及河流

| 寮國 | 芬蘭 | 愛沙尼亞 | 加彭 |

5

藍色蒼天

| 哈薩克 | 烏茲別克 | 蒙古 | 亞塞拜然 |

黑色──大部分為非洲國家

　　非洲有「黑暗大陸」（The Dark Continent）之稱，所以黑色是代表非洲的顏色，或者被歐洲人強迫引進黑人至加勒比海的各國。

位於非洲的國家

| 安哥拉 | 埃及 | 肯亞 | 馬拉威 |

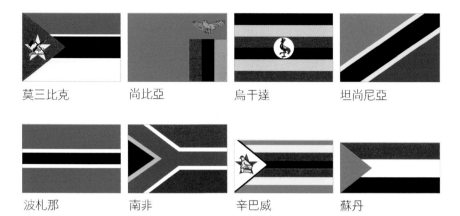

莫三比克	尚比亞	烏干達	坦尚尼亞
波札那	南非	辛巴威	蘇丹

② 加勒比海黑人國度

聖露西亞	巴哈馬	牙買加	安地卡

③ 例外

比利時	德國	愛沙尼亞	阿富汗

橘紅色──大部分為佛教國家

橘紅色是佛教象徵，也是代表佛教神聖的色彩，如同許多寺廟的屋頂及僧侶所穿的衣服都是橘紅色的，所以國旗中有橘紅色的配置，以信奉佛教的國家居多，尤其是位於南亞的國家。

象徵信奉佛教的國旗

不丹　　　　　　印度　　　　　　斯里蘭卡

❷

例外

愛爾蘭　　　　象牙海岸

黃色──有豐富的礦產

非洲各國家的礦產都相當豐富，例如：安哥拉的鈾、鑽石，迦納的黃金、尚比亞的銅礦、多哥的磷礦、莫三比克的鐵、煤、南非的貴金屬。南美洲的礦產也有豐富儲量，例如：巴西的鐵和鎳、委內瑞拉的石油、哥倫比亞的綠寶石、玻利維亞的錫礦都很有名，一般以黃色代表。

1

非洲

安哥拉　　　　　迦納　　　　　剛果民主共和國　　南非

尚比亞　　　　　莫三比克　　　　多哥　　　　　　馬利

2

南美洲

巴西　　　　　　委內瑞拉　　　　哥倫比亞　　　　玻利維亞

藍、白——大部分為靠海國家

　　藍、白兩色在雙色旗分布的地區以靠海的國家居多，藍色大多代表海洋及水資源，白色則象徵自由與和平，而以色列的藍、白兩色則是源自猶太教徒祈禱時所用的披肩顏色。

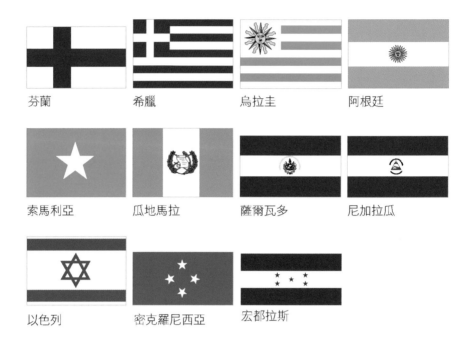

芬蘭	希臘	烏拉圭	阿根廷

索馬利亞	瓜地馬拉	薩爾瓦多	尼加拉瓜

以色列	密克羅尼西亞	宏都拉斯

黃、紅——大部分為西班牙語系國家

　　紅、黃二色代表拉丁情懷，有火辣、醒目的感覺。十五世紀，西班牙成為海上霸權國家，當時航海業極為發達，因此西班牙在世界各地擁有許多殖民地，尤其在拉丁美洲，所以現在中、南美洲國家大多以西班牙語為官方語言（巴西例外，以葡萄牙語為國語），也因此國旗大多使用黃、紅兩色。

西班牙語系國家

西班牙	安道爾	哥倫比亞	委內瑞拉

玻利維亞

厄瓜多

例外

羅馬尼亞　　　　　查德　　　　　　摩爾多瓦

藍、白、紅──大部分為斯拉夫民族

　　俄羅斯國旗是由彼得大帝所研議而成的，彼得大帝曾在荷蘭學習造船技術，所以模仿荷蘭紅、白、藍的國旗，設計出俄羅斯的白、藍、紅三色旗。十九世紀時，俄國協助巴爾幹半島的斯拉夫民族對抗鄂圖曼土耳其帝國、奧匈帝國、英國等外強的侵略，由於俄國人也是斯拉夫民族，巴爾幹的斯拉夫人便仿俄國使用藍、白、紅三色的旗幟，故現在有些斯拉夫民族的國家便以這三色為國旗主色。

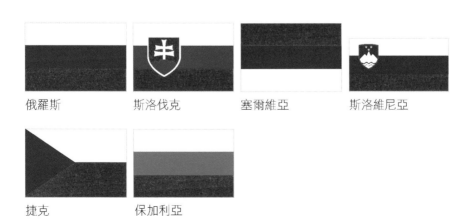

俄羅斯　　　　斯洛伐克　　　　　塞爾維亞　　　　斯洛維尼亞

捷克　　　　　保加利亞

綠、黃、紅——大部分為非洲國家

　　綠、黃、紅三色稱為非洲色彩，源自於非洲最早的獨立國——衣索比亞的國旗。迦納率先模仿，而後甚多國家採用，是非洲國旗常用的色彩。

位於非洲的國家

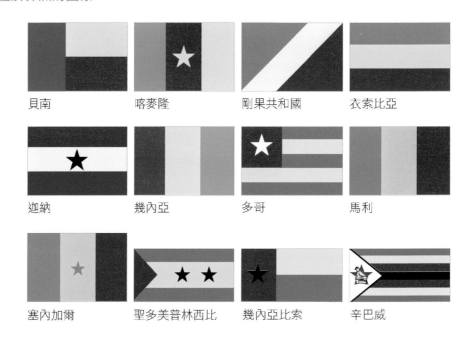

貝南	喀麥隆	剛果共和國	衣索比亞
迦納	幾內亞	多哥	馬利
塞內加爾	聖多美普林西比	幾內亞比索	辛巴威

❷
例外

| 立陶宛 | 玻利維亞 | 緬甸 | 格瑞那達 |

其餘三色旗——大部分為歐洲國家（亞洲僅有亞美尼亞及葉門）

　　歐洲國家自古喜愛用三色旗，最早使用三色旗的國家是荷蘭。隨著拿破崙的東征西伐，自由、平等、博愛涵義的三色旗影響遍及各地。此外，三色旗也源於基督教的三位一體——聖父、聖靈、聖子。

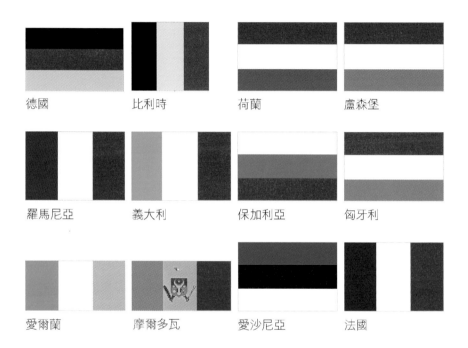

德國	比利時	荷蘭	盧森堡
羅馬尼亞	義大利	保加利亞	匈牙利
愛爾蘭	摩爾多瓦	愛沙尼亞	法國

雙對比色（黑白、紅綠）——全部為回教國家

　　由於中東回教地區氣候乾燥，地形多沙漠，境內景致單調，所以當地許多國家都喜愛用色彩強烈的對比色作為國旗。除此之外，黑、白、紅、綠這四種顏色自古即為阿拉伯的傳統色彩，為阿拉伯地區回教國家的主要顏色，尤其以紅、白、黑三色橫條的設計方式相當常見，綠色則象徵回教神聖的色彩。

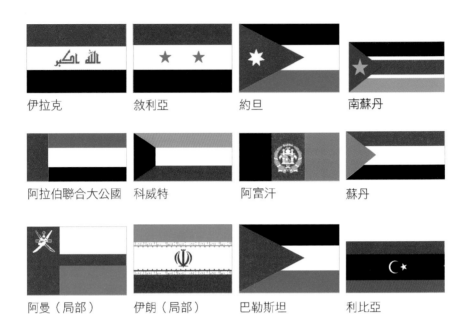

伊拉克	敘利亞	約旦	南蘇丹
阿拉伯聯合大公國	科威特	阿富汗	蘇丹
阿曼（局部）	伊朗（局部）	巴勒斯坦	利比亞

Ｂ 日、月、星辰類

亞洲

　　由於地球繞行太陽運轉，而太陽是從東邊升起，所以陽光會先照射到亞洲，加上東亞和東南亞國家自古以來是以農立國，農作物的生長都必須倚靠太陽，所以特別重視太陽，因此把太陽放在國旗上，所以通常看到有太陽的國旗，大部分都是亞洲國家。

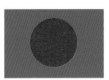

孟加拉	日本	吉爾吉斯	尼泊爾

中華民國

蒙古

哈薩克

菲律賓

接近亞洲

馬其頓雖然是歐洲國家，但是因為地理位置最靠近亞洲，所以也是最早看見太陽之地，因此，就把太陽放在國旗上作為象徵。

馬其頓

非洲

馬拉威

納米比亞

尼日

盧安達

換日線

吉里巴斯的旭日於南太平洋蔚藍波濤上緩緩升起，也象徵吉里巴斯是赤道附近的國家。

吉里巴斯

五月的太陽

阿根廷與烏拉圭都是有發生獨立戰爭的國家，且兩國有深厚的淵源關係。阿根廷最早是西班牙的殖民地，到了十九世紀時，開始爭取獨立。黃日

稱為「五月的太陽」，意味著 1810 年 5 月的解放鬥爭。

烏拉圭國旗採用阿根廷國旗的水藍色和純白色，除了烏拉圭殖民地時代的淵源之外，也向阿根廷表示支援獨立的謝意。黃日是象徵獨立的「五月的太陽」。

阿根廷　　　　　烏拉圭　　　　　厄瓜多

回教國家的新月旗

1. 傳說中馬其頓大軍攻打鄂圖曼土耳其帝國，守城士兵透過上弦月的光芒看清夜襲的敵人而擊退來犯敵軍，故用在土耳其的國旗上。隨著鄂圖曼帝國的版圖擴大，影響同樣是回教的國家，後來上弦月就成為回教的象徵。
2. 回教徒是以陰曆為主，所以月亮對他們而言就顯得特別重要；而歐洲人以陽曆為主；華人則是陰、陽曆混合使用，再搭配閏月，從節日就可以看出端倪，像是中秋節、過年、初一十五是陰曆，陽曆有春分、夏至、秋分和冬至、清明等。
3. 傳說回教領袖穆罕默德在上弦月的夜晚受到天啟而寫出可蘭經，所以帶有神意的月亮也成了回教國家的象徵。

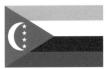  

葛摩　　　　　土耳其　　　　　馬爾地夫　　　　茅利塔尼亞

巴基斯坦　　　　突尼西亞　　　　阿爾及利亞　　　土庫曼

馬來西亞　　　　亞塞拜然　　　　烏茲別克　　　　汶萊

非回教國家新月旗

　　新加坡雖然有月亮，但非回教國家，因為新加坡曾經是馬來西亞的一州，而馬來西亞是回教國家，所以把州旗也放上月亮。但是 1965 年新加坡脫離馬來西亞獨立，將州旗升格為國旗。尼泊爾的月亮則是唯一有光芒的。蒙古國旗火、日、月結合，世代昌隆。

尼泊爾　　　　　新加坡　　　　　蒙古

社會主義之星

　　紅星或紅底黃星都為社會主義國家，因為這個星星是受到世界第一個社會主義國家蘇聯國旗的影響，前蒙古、前阿富汗、前阿爾及利亞、前南斯拉夫、前保加利亞、前剛果、前貝南也都有。目前只有中國、北韓、越南、安哥拉、莫三比克、辛巴威。

布吉納法索　　中國　　　　越南　　　　安哥拉

北韓　　　　前南斯拉夫　　前蘇聯　　　前白俄羅斯

南十字星

國旗中如果有五個星星，是代表南十字星。而這樣的國旗大多位在南半球大洋洲國家，因為南半球國家看不見指引方向的北極星，只看得見南十字星，所以南十字星就成為南半球國家重要的方位指標。紐西蘭之所以會少一顆星星，是因為緯度不同的緣故。

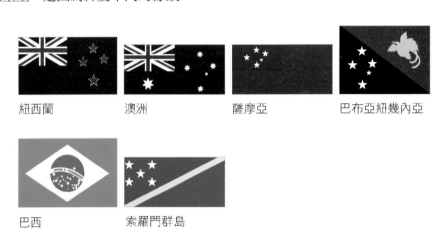

紐西蘭　　　　澳洲　　　　薩摩亞　　　　巴布亞紐幾內亞

巴西　　　　索羅門群島

星條旗

會出現星條的國旗，大部分都是受到美國的影響。賴比瑞亞係美國解放黑奴，歸回非洲所建立的國家；巴拿馬雙星則代表巴拿馬運河連接太平洋和大西洋，而菲律賓曾經被美國統治。

美國　　　　委內瑞拉　　　　巴拿馬　　　　智利

賴比瑞亞　　　　古巴　　　　菲律賓

非洲黑色之星

　　若在國旗上看見黑色的星星，全部都是非洲國家，因為黑色的星星表示獨立與自由，所以非洲黑星又稱為非洲自由之星。

迦納　　　　　幾內亞比索　　　聖多美普林西比

地球

　　葡、西曾經掌握半個世界，十五世紀時，羅馬教皇為了平息葡、西兩國的紛爭，便在 1496 年將地球一分為二，兩國各占一半的土地，即今日通過巴西，西經 50 度以東為葡萄牙的領地。為了紀念葡萄牙曾經稱霸世界的功績，所以將地球放在國旗上作紀念。而巴西是葡萄牙人所發現的，也曾經是葡萄牙的最大殖民地，所以國旗受到葡萄牙的影響。

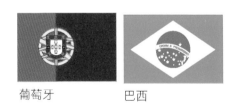

葡萄牙　　　巴西

C 動物

　　在國旗中使用動物或植物，如祕魯的駱馬、黎巴嫩的雪松，都是當地盛產且具象徵地位，或者該種動植物在國際上普遍被認同具有某種象徵意義。本節把動物的國徽分成三部分：（一）鳥類；（二）獸類；（三）該國特有動物。植物徽章則分成四部分：（一）主要農作物的國旗；（二）宗教的國旗；（三）該國特有花木的國旗；（四）象徵和平的國旗，並就內容敘述其國徽意義。

鳥類

阿爾巴尼亞	尚比亞	烏干達	巴布亞紐幾內亞
墨西哥	埃及	玻利維亞	瓜地馬拉
斐濟	厄瓜多	多米尼克	哈薩克
吉里巴斯	摩爾多瓦	蒙特內哥羅	辛巴威

1. 阿爾巴尼亞

   黑色的雙頭鷲分別注視著歐洲和亞洲，代表阿爾巴尼亞位於歐、亞兩洲之間，地理位置十分重要。

2. 瓜地馬拉

   「格查爾鳥」是瓜國國鳥，被稱為「自由之鳥」。

3. 多明尼克

   特有的「翡翠鵑」鸚鵡，是多明尼克的國鳥。

4. 烏干達

   國旗中央的鳥是「灰冠鶴」，是烏干達的特產動物，後來被定為國鳥。

5. 吉里巴斯

   一隻金色的「軍艦鳥」，是飛得最快的鳥，象徵國家蓬勃發展。

6. 巴布亞紐幾內亞

「天堂鳥」是巴布亞紐幾內亞的象徵發展，耀日高雅的羽毛，象徵巴布亞紐幾內亞在國際社會中扮演重要角色。

7. 斐濟

徽章上有甘蔗、椰樹、香蕉是當地特產。

獸類

不丹　　　　　斯里蘭卡　　　　巴拉圭

1. 不丹

一條白龍飄然高飛，象徵國家欣欣向榮。龍身的白色表示忠誠和純潔。

2. 斯里蘭卡

將獅子尊為自己的祖先，因此獅子被用在國旗上，獅子手中的劍象徵權力。獅子是佛教象徵，君不見寺廟前都有獅子嗎？另外，打破眾生不平等，稱「獅子吼」。

3. 巴拉圭

巴拉圭國旗正面放置的是國徽，背面是一頭象徵主權的雄獅守護著自由之桿與自由之帽。

該國特有的動物

玻利維亞　　　　祕魯　　　　　瓜地馬拉　　　　烏干達

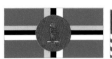
多米尼克

吉里巴斯

辛巴威

巴布亞紐幾內亞

1. 玻利維亞

綠色的麵包樹、稻穗、羊駝表現了玻利維亞的特產。

2. 祕魯

左上部有駱馬，為祕魯的特產動物。

D 植物

主要農作物的國旗

前緬甸　　　　阿富汗

1. 緬甸

齒輪內的「稻穗」代表多數的農民。

2. 阿富汗

清真寺外圍的兩捆「小麥」象徵團結。

宗教的國旗

1. 斯里蘭卡

獅子周圍四個角落的「菩提葉」為佛祖的悟道，
表示國民多數為佛教徒。

斯里蘭卡

該國特有花木的國旗

赤道幾內亞　　　貝里斯　　　　祕魯　　　　　黎巴嫩

加拿大　　　　　格瑞那達　　　斐濟

1. 加拿大

   「楓樹」是加拿大的國樹，當秋天來臨，遍地紅葉。人民對楓葉有深厚的感情，視為民族的象徵，有如日本之櫻花。

2. 貝里斯

   國徽上有一棵「紅木樹」，可高達三十層樓高，這是貝里斯的國樹，根部交錯，巨風不能震撼，也是貝國人的驕傲。外圍環繞的是綠色的橄欖枝葉，象徵和平及豐富的森林資源。

3. 祕魯

   盾徽右上部是一棵綠色「金雞納樹」，為治療瘧疾的「奎寧」原料。

4. 黎巴嫩

   黎巴嫩國旗中央畫著「黎巴嫩杉」，自古以來就是黎巴嫩的象徵，它不畏冰雪風寒，故稱「雪松」，是建材的材料。

5. 赤道幾內亞

   國徽中一捆大樹──紅樹，這種樹在赤道幾內亞的熱帶雨林中頗為常見，其根交錯縱橫，故不怕狂風暴雨。

6. 格瑞那達

   國旗左方繪有一顆香料原料肉豆蔻的種子。

7. 斐濟

   徽章上有甘蔗、椰樹、香蕉是當地特產。

象徵和平的國旗

塞浦路斯	聖馬利諾	厄利垂亞	萬那杜
海地	瓜地馬拉	薩爾瓦多	多明尼加
祕魯	委內瑞拉	厄瓜多	巴拉圭

1. 塞浦路斯

   兩支橄欖樹枝表示希望希臘裔與土耳其裔居民，能夠「和平與互助」。

2. 海地

   國徽正中央是一株象徵國家獨立的棕櫚樹，所以上面掛著一頂「自由之帽」。

3. 薩爾瓦多

   「自由之帽」高高矗立於山峰之巔，其外繞著月桂枝葉表示和平。

4. 巴拉圭

   國徽左邊的椰子樹葉代表「勝利」，右邊的橄欖樹葉代表「和平」。

5. 萬那杜

   代表財富的公豬獠牙內，有著表示「和平」的蕨葉。

E 文字

　　回教國家喜愛在國旗上書寫讚頌真主阿拉的文字，成為其特色之一。此種國旗有伊朗、伊拉克、沙烏地阿拉伯三國。伊朗、伊拉克與沙烏地阿拉伯用的是阿拉伯文。本節分成兩部分：（一）回教徒──與宗教有關的國旗；（二）中南美洲──與獨立有關的國旗，並就其內容敘述國徽之意義。有文字的國旗必須用兩面縫製，否則另一面文字就反了，特別是沙烏地阿拉伯國旗十分明顯。

回教徒──與宗教有關的國旗

沙烏地阿拉伯　　伊朗　　　伊拉克舊國旗

阿富汗　　汶萊

1. 汶萊

　　在弦月上的阿拉伯文提到：「在真神的指引下獲得繁榮」，下面的飾帶則寫著：「安樂土的汶萊」。

2. 伊朗

　　1979 年回教革命推翻巴勒維王朝，次年在國旗的上下各加十一道可蘭經箴言聖句──「阿拉偉大」。

3. 伊拉克

　　1991 年波斯灣戰爭後，添加一句可蘭經經文，稱頌「阿拉偉大」。原為海珊親筆書寫體，海珊政權崩潰後改為印刷體。

4. 沙烏地阿拉伯

　　以阿拉伯文寫上可蘭經的銘文：「阿拉是唯一的真神，穆罕默德是先知」。

中南美洲——與獨立有關的國旗

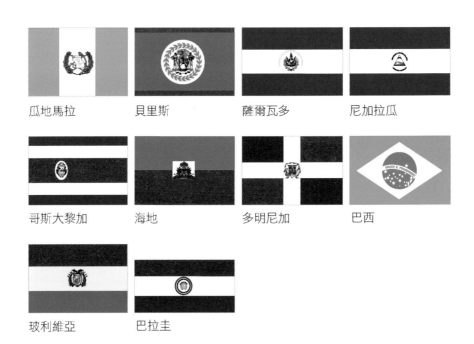

瓜地馬拉　　　　貝里斯　　　　　薩爾瓦多　　　　尼加拉瓜

哥斯大黎加　　　海地　　　　　　多明尼加　　　　巴西

玻利維亞　　　　巴拉圭

1. 瓜地馬拉

　　中央的文件上用西班牙文寫著：「1821年9月15日，自由」。

2. 貝里斯

　　下方的彩帶上用拉丁語寫著：「與森林共榮」。

3. 薩爾瓦多

　　五面國旗圍繞三角形，下端是一條黃色飾帶，上面用西班牙文寫著：「上帝、團結、自由」，綠色月桂枝葉環繞周邊，最外圈的西班牙文寫著：「中美洲薩爾瓦多共和國」。

4. 尼加拉瓜

　　用西班牙文寫的：「中美洲尼加拉瓜共和國」構成的圓形字環繞國徽。

5. 哥斯大黎加

紀念盾上方以西班牙文書寫的是：「AMERICA CENTRAL」，以紀念從前的中美聯邦。

6. 海地

白色飾帶上用法文寫著：「團結就是力量」。

7. 多明尼加

有一條藍帶用西班牙語寫著：「上帝、祖國、自由」，基部的紅帶上寫著：「多明尼加共和國」。

8. 巴西

天體的帶狀上用葡萄牙文寫著：「秩序和進步」。

9. 玻利維亞

國徽上用西班牙文寫著：「玻利維亞」。

10. 巴拉圭

國旗反面有自由之帽和獅子，並用西班牙文寫著：「和平和正義」。

F 徽章

以多樣內容設計而成，以特有的圖案代表國家，國徽也屬此類之一。有些國旗上的徽章是國徽的一部分，也有的是另有意義。有些國旗如果把徽章拿掉後就變得完全一樣，所以不得不以徽章來區分。本章節把國徽分成三部分：(一)歐洲；(二)中南美洲；(三)非洲國，並就其內容敘述國徽之意義。

歐洲

安道爾

克羅埃西亞

教廷

列支敦斯登

馬爾他

聖馬利諾

西班牙

葡萄牙

斯洛伐克

斯洛維尼亞

摩爾多瓦

1. 安道爾

   國徽中左上角繪有主教冠冕和主教權杖，左下角有四道紅色豎條，右下角是兩頭牛，右上角的金地上有三道紅色豎條。安道爾無國徽的旗只在國內使用，在國際上都是使用有國徽的國旗，因與羅馬尼亞相同。

2. 克羅埃西亞

   盾徽上方是王冠的圖案，分成五個盾牌，象徵克羅埃西亞的五個省區。

3. 教廷

   皇徽中有教皇的三重冠冕和交叉的金黃與銀白色的鑰匙，是聖彼得打開天國之門，聯結天上及地下，天國之鑰成神聖象徵。

4. 列支敦斯登

   左上方的金色王冠是列支敦斯登家族的傳統標誌，象徵人民和統治者共為一體。

5. 馬爾他

   國旗左上角繪有一顆聖喬治十字勳章，是聖約翰騎士的標記。

6. 聖馬利諾

   紋徽中間的三座白塔象徵國家獨立自主的能力，國徽頂端有一頂王冠，非正式場合國旗上則沒有徽章。

7. 摩爾多瓦

   國徽上一隻雄鷹口銜著十字架，左爪抓一根權杖（代表權威），右爪拿著橄欖枝（代表和平）。

8. 葡萄牙

   圖徽是古老航行儀器渾天儀，曾引導葡萄牙航海家們全球探險，開疆拓

土。

9. 西班牙

盾徽中心畫著代表五個組成西班牙國家的圖案，兩根銀柱矗立在盾徽兩邊，表示社稷永安。

10. 斯洛伐克

國徽盾面上，山峰之巔豎立著一個波特涅主教十字架。山峰代表塔特拉山。

11. 斯洛維尼亞

國徽中心有一座白色山峰是全國最高峰，山峰下兩道波狀條紋代表海洋與河流，三顆象徵獨立、自由的五角星，表示前程光明。

中南美洲

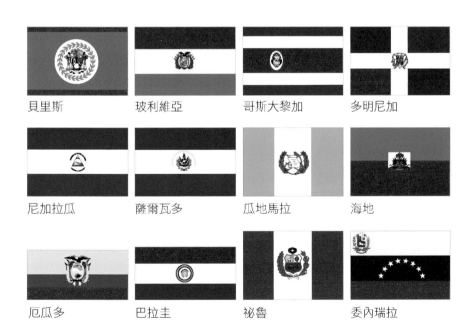

貝里斯　玻利維亞　哥斯大黎加　多明尼加

尼加拉瓜　薩爾瓦多　瓜地馬拉　海地

厄瓜多　巴拉圭　祕魯　委內瑞拉

1. 貝里斯

國徽上有一棵紅木樹，這是貝里斯的國樹。外圍環繞的是綠色的橄欖枝

葉，象徵和平及豐富的森林資源。

2. 玻利維亞

雄鷹和月桂、橄欖枝都表達了玻利維亞人民對獨立、自由、和平的嚮往。非正式場合會使用沒有國徽的國旗。

3. 哥斯大黎加

國徽兩側的玉米說明農業以玉米為主，天空上七顆白色五角星代表哥斯大黎加的七個省。非正式場合會使用沒有國徽的國旗。

4. 多明尼加

國徽上有一本翻開的聖經，其上有一個十字架，代表國民的解放。國徽兩側的月桂和棕櫚枝葉代表對和平的渴望。非正式場合會使用沒有國徽的國旗。

5. 尼加拉瓜

三角形表示正義。蔚藍的天空中，一頂紅色自由帽，代表解放意味，自由之光照耀著五座山，彩虹升上天際象徵無限希望。非正式場合會使用沒有國徽的國旗。

6. 薩爾瓦多

「自由之竿」和紅色「自由之帽」高聳於五座山巔，放出獨立的陽光。綠色月桂枝葉環繞周邊，最外圈金色的西班牙文寫著：「中美洲薩爾瓦多共和國」。非正式場合會使用沒有國徽的國旗。

7. 瓜地馬拉

格查爾鳥是瓜國國鳥，被稱為「自由之鳥」。尚有自衛及正義的槍與劍，外圍以月桂枝葉圍繞著，象徵獨立戰爭的勝利與光榮。非正式場合會使用沒有國徽的國旗。

8. 海地

國徽正中央是一株象徵獨立的綠色棕櫚樹，樹頂掛著一頂自由帽，兩側各有三面國旗和三支帶刺刀的步槍大砲、炸彈等。這枚國徽充滿了勇敢善戰、不屈不撓的獨立精神。

9. 厄瓜多

國徽上方有展翅之禿鷹，象徵國家主權和獨立。中心有火山、商船、太陽、四面國旗和月桂、棕櫚枝葉飾於國徽兩側，亦是和平象徵。非正式場合會使用沒有國徽的國旗。

10. 巴拉圭

國徽正中央為一顆「五月之星」，表示五月獨立。象徵和平的橄欖枝和象徵勝利的棕櫚枝交叉環繞於金星周圍，紅色圓圈用西班牙文寫著國名:「巴拉圭共和國」。

11. 祕魯

盾徽右上部是一棵綠色金雞納樹，左上部一匹駱馬，下部一隻湧出金幣的羊角袋，左右兩側亦有一枝棕櫚葉與橄欖枝葉。非正式場合會使用沒有國徽的國旗。

12. 委內瑞拉

盾牌右上是兩面國旗與戰鬥武器，象徵勝利。盾牌左上是一捆麥穗，代表肥沃的國土，下方有一匹白色駿馬（舊旗馬朝右，新旗馬朝左）。國徽兩側飾有橄欖與棕櫚枝葉，分別象徵和平與勝利。非正式場合會使用沒有國徽的國旗。

非洲國

肯亞　　　　　前賴索托　　　史瓦濟蘭
　　　　　　（1987~2006年10月）

1. 肯亞

國旗中央有盾牌和交叉的長矛，表達捍衛獨立自由。

2. 賴索托

國旗左上的圖案是勇士的盾牌、鏢槍、圓頭棒槌與駝鳥羽毛製成的飾物，這個圖案代表了保家衛國。

3. 史瓦濟蘭

中間的圖案是雙色盾、兩枝矛以及權杖，盾與矛代表堅守國土的決心，權杖代表王室。

使用場合 洲別	正式場合及非正式場合 一定要使用國徽	正式場合一定要使用國徽 而非正式場合則沒有國徽
歐洲	克羅埃西亞、列支敦斯登、馬爾他、摩爾多瓦、葡萄牙、斯洛伐克、斯洛維尼亞、教廷	安道爾、西班牙、聖馬利諾
中南美洲	貝里斯、海地、巴拉圭	玻利維亞、哥斯大黎加、多明尼加、厄瓜多、祕魯、薩爾瓦多、瓜地馬拉、尼加拉瓜、委內瑞拉
非洲國	肯亞、賴索托、史瓦濟	無

G 附加十字旗

十字架是基督教與天主教的象徵，所以信奉這兩個宗教的國家常將十字架運用在國旗中。其中以北歐五國最為特別，其國旗上都有十字圖樣，這種十字稱為「斯堪地那維亞十字」，是北歐五國的共同特徵，因為北歐五國在1397年時曾經結盟，共同擁立一個國王所致。

正十字

丹麥　　　　　　多明尼加　　　　挪威　　　　　　瑞典

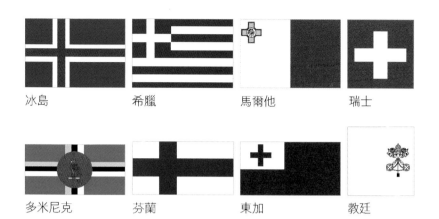

冰島　　　　希臘　　　　馬爾他　　　瑞士

多米尼克　　芬蘭　　　　東加　　　　教廷

三「十字」

　　英國國旗是由三個十字所構成，1277 年白底紅十字旗幟被作為英格蘭旗子，1603 年組合藍底白色斜十字旗幟成為米字旗的雛形，1801 年組合白底紅色斜十字旗幟成為現今的米字旗。此外，英國曾有「日不落國」之稱，昔日殖民地遍布全球，所以曾是英國的殖民地，其國旗左上方都附有英國國旗，用以代表該國為大英國協的一員，而現今國旗上還保有英國國旗的國家只剩大洋洲的四國。另外，南非的舊國旗也附有英國國旗。

英國　　　　澳洲　　　　紐西蘭　　　吐瓦魯

前南非　　　斐濟

🄷 其他

與歷史、地理相關的國旗

韓國（歷史）

印度（歷史、地理）

柬埔寨（歷史）

以色列（歷史）

辛巴威（歷史）

奧地利（歷史）

賽普勒斯（地理）

科索沃（地理）

1. 韓國（太極）

   乾坤坎離的太極圖，源自中國的哲學思想，蘊含著宇宙萬物生生不息的意義。

2. 印度（法輪）

   古阿修羅的標誌與甘地不合作主義的紡紗輪，二十四條輻射放射線代表一天二十四小時生生不息。（橘／德干高原，白／喜馬拉亞山脈，綠／恒河平原、印度河平原）

3. 柬埔寨（吳哥窟）

   古代最大、最美的石造寺廟遺跡，象徵其文化淵源。

4. 以色列（六角星）

   古大衛王之記號，也是猶太人的傳統象徵。

5. 辛巴威（辛巴威鳥）

   國旗上左邊的辛巴威鳥，是取自十二世紀大辛巴威城遺跡中雕刻在柱上的鳥，又叫魚鷹，代表辛巴威古代高度的文明。

6. 奧地利

   由紅白旗形成的國旗，據說當年十字軍遠征時，當時的奧地利公爵雷歐波特三世所穿的白色軍服被敵人的鮮血染紅，只有腰帶以下尚殘留有白色，便演變成今日的國旗顏色。

7. 塞普勒斯及科索沃（國旗上有國土形狀）

趣味統計列表

A 相同、相似或相反的國旗

完全相同

查德
寬高比例3：2

羅馬尼亞
寬高比例3：2

印尼
寬高比例為3：2

摩納哥
寬高比例為5：4

完全顛倒

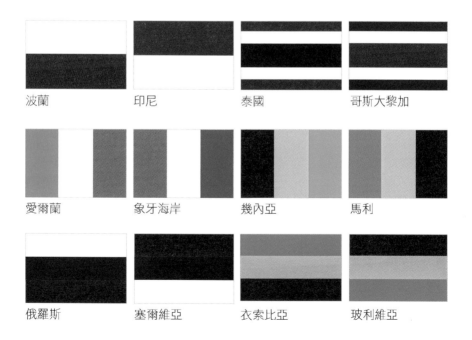

波蘭

印尼

泰國

哥斯大黎加

愛爾蘭

象牙海岸

幾內亞

馬利

俄羅斯

塞爾維亞

衣索比亞

玻利維亞

橫豎方向

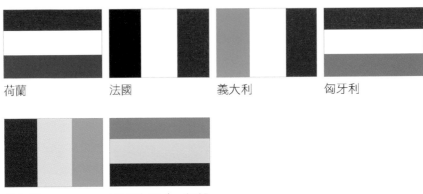

荷蘭　　　　　法國　　　　　義大利　　　　匈牙利

幾內亞　　　　衣索比亞（一般都
　　　　　　　沒有徽章）

大同小異

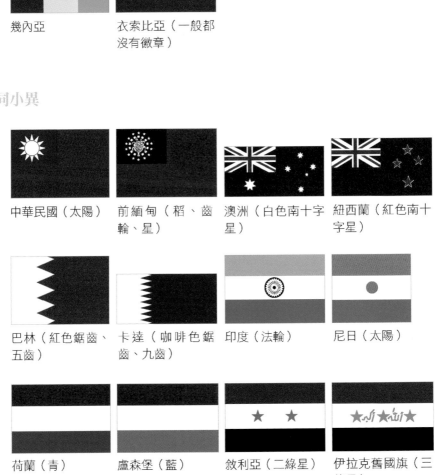

中華民國（太陽）　前緬甸（稻、齒　澳洲（白色南十字　紐西蘭（紅色南十
　　　　　　　　　輪、星）　　　　星）　　　　　　字星）

巴林（紅色鋸齒、　卡達（咖啡色鋸　印度（法輪）　尼日（太陽）
五齒）　　　　　　齒、九齒）

荷蘭（青）　　　　盧森堡（藍）　　敘利亞（二綠星）　伊拉克舊國旗（三
　　　　　　　　　　　　　　　　　　　　　　　　　綠星）

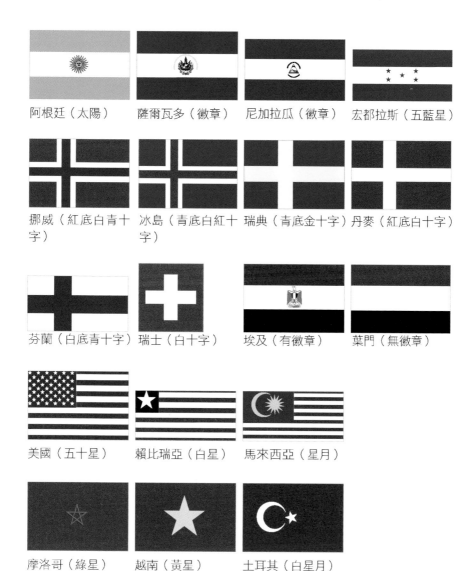

阿根廷（太陽）　　薩爾瓦多（徽章）　尼加拉瓜（徽章）　宏都拉斯（五藍星）

挪威（紅底白青十　冰島（青底白紅十　瑞典（青底金十字）丹麥（紅底白十字）
字）　　　　　　　字）

芬蘭（白底青十字）瑞士（白十字）　　埃及（有徽章）　　葉門（無徽章）

美國（五十星）　　賴比瑞亞（白星）　馬來西亞（星月）

摩洛哥（綠星）　　越南（黃星）　　　土耳其（白星月）

配套旗

越南　　　　　　　索馬利亞

孟加拉

日本

帛琉

B 特殊國旗

最佳繽紛獎

　　將六大基本色彩——紅、黃、藍、綠、白、黑六種顏色都用進去，南非是世界上最多顏色的國旗。

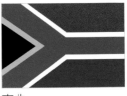
南非

　　甫自蘇丹獨立的「南蘇丹」有紅、黃、藍、綠、黑、白六個顏色，亦是「六彩繽紛」。

南蘇丹

最單調獎

　　整面只用綠色一個顏色，是世界上顏色最少，也是唯一單色的國旗。

前利比亞

最佳搞怪獎

　　唯一雙三角形的設計，一般都是方形。

尼泊爾

最佳樞紐獎

位於兩大洲（北美洲與南美洲）、兩大洋（太平洋與大西洋）的樞紐，地理位置極為特殊。

巴拿馬

最複雜獎

海地的槍砲旗相當複雜，但屬徽章，非正式場合都不用。而土庫曼國旗上的地毯花紋都呈幾何圖形，且不可省略，所以最複雜國旗獎當之無愧（土庫曼、白俄羅斯、哈薩克三國皆有地毯花紋）。

土庫曼

C 國旗之最

星星最多的國旗及修改最多次的國旗

1. 總共有五十顆星星，是全世界最多的（第二是巴西，第三是烏茲別克）。
2. 從 1777 年到現在，總共修改了二十六次。

美國

最方正的國旗

這兩面旗的比例都是 1：1 的正方形，是最短的國旗，象徵國家採取公正和中立的政策。

教廷　　　瑞士

最苗條的國旗

長寬比例為 28：11，為全世界最長。

卡達

最完美比例國旗

　　長寬比例愈接近 1 : 1.618（黃金比例）愈接近美學。波蘭、瑞典、瓜地馬拉、帛琉國旗比例 5 : 8，最接近完美比例，一般為 2 : 3。

波蘭

瑞典

瓜地馬拉

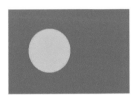

帛琉

最容易畫錯的國旗

　　四條紅斜條有它固定的位置，大邊是逆時鐘方向，你注意到了嗎？

英國

容易畫錯的國旗

　　紅在上（陽）、青在下（陰）（記憶術：地圖北韓在上頭是共產國家，故紅在上）、乾卦左上、離卦左下、坎卦右上、坤卦右下（記憶術：依線條可記 3,4,5,6），一般外國人常弄不清楚，以致掛反了。

　　2004 年雅典奧運進場及 2008 年北京奧運韓總統持旗加油，均弄反了。

韓國

最早的國旗

　　1219 年丹麥王 Valdemgr II 征討愛沙尼亞就開始使用，是目前所知最早的國旗。

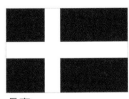

丹麥

正反不同徽章的國旗（罕見設計）

　　國旗兩面的圖案不一樣，夠特別了吧！

巴拉圭（正面）

（反面）

有仿冒之嫌的國旗

　　國旗裡竟然有個和我國一模一樣十二道光芒的太陽，青天白日→青天黃日。

納米比亞

最佳設計的國旗

　　景致、配色皆美。

加拿大

哈薩克

吉里巴斯

最有中國風的國旗

　　太極八卦及龍皆源自中國。

韓國

不丹

D 每種顏色被使用的國家頻度及意義

■ 紅色：第一名	□ 白色：第二名 （一、二名接近）	■ 藍色：第三名 （青）
■ 黃（金）色：第四名	■ 綠色：第五名	■ 黑色：第六名

從上面的統計數字可以發現，紅、白、藍、綠、黃、黑這六種顏色較為普遍使用，可稱為「六大基本色彩」，恰如奧運會旗六色。每種顏色都有其所代表的意義，將一一解說如下。

顏色	說明
紅色	共產主義、先烈的血、耶穌的犧牲。
白色	和平、平等、冰雪、純潔。
藍色（青色）	自由、水資源、靠海國家（南太平洋、加勒比海）。
黃色（金色）	礦物、穀類、財富（國家富足）、光芒、光明、太陽（非洲）。
綠色	1.非宗教：農業、綠地、森林。 2.宗教：回教國家。
黑色	1.黑色、黑星（非洲顏色）。 2.異族統治之黑暗期（阿拉伯國家）。
其他各種	1.橘紅（天主教、愛爾蘭）。 2.喇嘛（印度、斯里蘭卡、不丹）。
藍白紅	1.自由、平等、博愛。 2.斯拉夫民族顏色。
綠黃紅	非洲之色
黑白紅綠	回教。

視度強的配色：（十分醒目）

1. 黑底配黃　2. 黃底配黑　3. 黑底配白　4. 紫底配黃　5. 紫底配白
6. 青底配白　7. 綠底配白　8. 白底配黑　9. 綠底配黃　10. 黃底配青

視度弱的配色：（非常不醒目）

1. 黃底配白　2. 白底配黃　3. 紅底配黑　4. 紅底配青　5. 黑底配紅
6. 紫底配黑　7. 灰底配綠　8. 紅底配紫　9. 綠底配紅　10. 黑底配青

E 國際組織旗幟

世界性

國協

國際足球總會

國際紅十字會

國際奧林匹克委員會

國際殘障奧林匹克委員會

伊斯蘭會議組織

石油輸出國家組織

紅新月會

聯合國

世界女童軍協會

世界衛生組織

世界童子軍運動組織

區域性

東南亞國家協會

非洲聯盟

加勒比海共同體

歐洲聯盟

北大西洋公約組織

北歐會議

美洲國家組織

太平洋共同體

獨立國家國協

阿拉伯國家聯盟

五大洲國旗列表

Ⓐ 亞洲

共四十九國，占世界 24%。
面積四千四百萬平方公里，占世界 30%。
人口約三十八億五千萬，占世界 61%。

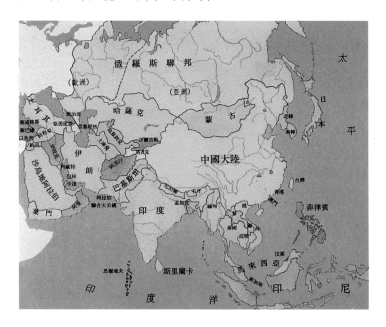

阿富汗（Afghanistan）

　　黑色是經歷苦難的歷史，提醒國人記取教訓，紅色象徵革命先烈的鮮血，綠色是和平與農業，白色徽章內的清真寺表示虔誠的信仰回教。清真寺環繞麥穗，阿國都依賴農業維生，但久經戰亂已摧殘農業生產。又回教教規十分嚴格，因 911 事件與美國間嚴重衝突，很多難民流亡至巴基斯坦。在巴米揚有著名佛教遺跡，可惜被破壞了。

亞美尼亞（Armenia）

紅色象徵烈士的鮮血，藍色代表國家豐富的資源和蔚藍的天空，橘色表示全民團結及大地的富饒。亞美尼亞原為蘇聯一員，在蘇聯軍事工業體系中占重要地位，因 1971 年蘇聯解體而獨立，目前經濟相當萎縮，信奉東方正教。在首都葉麗芳南邊有座 ECHMIATSIN 大主教堂，創立於西元 301 年，號稱世界最早的教堂。

亞賽拜然（Azerbaijan）

藍色代表「裡海」，風光明媚，並盛產石油，紅色象徵光明與進步，綠色表示信仰回教及歐亞界山高加索山，弦月與星星（唯一的八芒星）也是回教的象徵。亞賽拜然過去以重工業及石油工業為主，造成輕工業不振，蘇聯解體後，1991 年宣布獨立，經濟改革相當遲緩。

巴林（Bahrain）

1820 年，英國與阿拉伯各國的會議，決定使用紅白色並以鋸齒分開，原先為八鋸齒，代表八個部落組成，現改為五鋸齒，即回教的五功——念功、拜功、課功、齋功、觀功。

巴林盛產石油，並且是海灣地區金融、貿易、配送中心。

孟加拉（Bangladesh）

國旗使用回教神聖的綠色為底色，也象徵繁榮的農業。紅色的圓形代表太陽，象徵人民獨立建國所流的血。

孟加拉非常貧窮，有一半人口生活在貧窮線以下（一天收入一元美金），教育水準也低，很多人當外勞，遠赴海外謀生。

金黃色代表不丹國王；橘紅色是僧侶長袍的顏色，象徵佛教（喇嘛教）的信仰；中央威嚴的龍象徵國家守護神，可控制雷雨，又稱「龍之國」。本旗與韓國一樣都深受中國文化影響，不丹以農立國，農業人口占九成以上，為了保存文化與自然環境，旅遊受到管制，是唯一國民所得不高，人民感覺幸福快樂的國家。

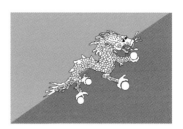

不丹（Bhutan）

國旗底色為黃色，代表自古傳統顏色（在百年前國旗全面是黃色）；黑白兩條斜紋是紀念 1958 年兩位有功的親王。國徽最上方的小旗與寶蓋是王權的標誌。上弦月象徵回教，並寫著：「遵守阿拉的旨意」，表示虔誠的信仰。最下方是一條飾帶，寫著國號：「和平之地汶萊」。左右的一雙手表示政府提升人民福祉的誓言。汶萊的收入來自石油及天然氣，國王財富僅次沙烏地阿拉伯。

汶萊（Brunei）

柬埔寨脫離法國獨立後，由於政變內亂不斷發生，因此國旗的設計經常改變，但不管怎麼更改，國旗的代表圖案——吳哥窟仍是不變，因為吳哥窟是柬埔寨最值得誇耀的歷史建築。柬埔寨曾為法國殖民地，也用法國青、白、紅三色。柬埔寨久經戰亂，經濟凋弊，百廢待興。

柬埔寨（Cambodia）

中華民國（R.O.C Taiwan）

有十二道光芒，分別代表十二個時辰與月分，象徵著時序的更替。白色、青色、紅色有自由、平等與博愛之義，紅色並且象徵先烈奉獻熱血的開國精神。青天白日為陸皓東所設計，亦為中國國民黨黨旗。中華民國已退居臺灣，過去靠 RST（稻米、糖、茶）出口，現在是世界有名的資訊產品製造國，大體上，以中小企業為主，很有彈性，但規模都不大，已有相當比例投資中國及東南亞。

中華人民共和國（China）

左方最大顆的星星代表共產黨，其他的小星星則分別代表勞工、農民、知識階級和資本家，也象徵了漢、滿、蒙、回、藏五族，同時五稜星的五也代表中國人的五行。中國大陸在政治上維持共產政體，在經濟上實施市場經濟，民營化並大量吸引外資，成為「世界工廠」。大多數投資在三沿——沿海、沿江、沿邊，成為金磚四國所謂的明日之星。

賽普勒斯（Cyprus）

國旗上畫著賽普勒斯的國土形狀，下面加上兩枝橄欖葉，代表希臘裔與土耳其裔要和平相處，協力合作，建立安定繁榮的國家。國土形狀的黃色代表賽國出產的銅礦（唯二以領土繪上的國旗，另一為科索沃）。

現在北塞（土裔）與南塞（希裔）水火不容，所以國旗背景用白色及兩枝橄欖葉實是用心良苦。現賽普勒斯積極發展旅遊、商業、金融，國民所得提高不少，2004 年已加入歐盟。

這面旗是東正教的旗幟（正十字），是十字軍東征英雄聖喬治之標誌。擁有悠久的歷史，2003 年 11 月推翻了舊政權，改用此面旗幟。喬治亞與日本號稱世界二大長壽國家，因戰事及經濟危機，很多人生活在貧窮線以下。在以前蘇聯加盟時代，有工業基礎。前蘇聯獨裁者史達林（第二次世界大戰風雲人物）的故鄉，就在喬治亞的哥利（GORI）。

喬治亞（Georgia）

國旗上有代表甘地所用的紡織機輪，亦代表最強盛阿育王朝之「法輪」。國旗的橙色代表佛教，下方綠色代表回教，中央的白色則象徵印度教三教共和。三顏色也代表其地理景觀，白色是峰峰相連，經年冰雪的喜馬拉雅山脈，綠色是恆河平原及印度河平原，橘色是德干高原。三色象徵著勇氣(橘)、

印度（India）

真理(白)、信心(綠)，預計 2030 年將成為世界人口最多的國家，加上階級制度，貧富差距甚大，對經濟發展不力。但近有「金磚四國」看好印度未來，尤其擁有非常多的軟體工程師，大體而言，印度還是十分貧窮。

印尼國旗上紅下白各代表著太陽與月亮。太陽象徵自由與勇氣，月亮則代表正義與純潔。印尼原屬荷蘭殖民地，一直土地不均，貧富分明，城鄉差距大。後用武力爭取獨立，軍人干政，經濟遲緩，但近年有大幅成長。

印尼（Indonesia）

印尼的資源有森林、橡膠、石油、銅、錫、鎳、咖啡、可可、旅遊業，是世界最大的群島國，經常發生地震，並有甚多火山，人口居世界第四，不少人赴海外當外勞。

國旗以綠、白、紅三色為底，國徽位於中央，由可蘭經、劍、四彎月組成，是回教極致代表。綠色、白色、紅色分別象徵回教信念、和平、勇敢。綠色與紅色的邊緣用阿拉伯文寫著：「阿拉是最偉大的」，上下各十一句，以紀念 2 月 11 日革命成功。

伊朗（Iran）

伊朗屬回教什葉派，教規甚嚴，連女性觀光客也要包頭巾，且嚴禁飲酒，一經查獲，嚴厲處分。伊朗擁有豐富的石油及天然氣，國外投資少，人民僅求溫飽。

黑白、紅綠雙對色是回教傳統的色彩，中間的文字為阿拉伯文：「偉大的真主」。

伊拉克（Iraq）

伊拉克就是古代所謂巴比倫，兩河流域的肥沃月彎長期為各族爭奪，有多重文化交融，但經兩伊戰爭、波斯灣戰爭、美伊戰爭，元氣大傷。過去經濟多依賴石油輸出，因受禁運，人民生活困頓，海珊倒臺後，一切尚在復原中。

藍、白兩色來自猶太教徒祈禱時用的披肩顏色，表示淨潔，中央圖案是大衛王盾牌上的標誌，是猶太人的象徵，稱為「大衛之星」，為以色列祈求平安。

以色列（Israel）

現今以色列為古代巴勒斯坦地區，被猶太人認定上帝賜予的應許之地，據此而建國。在此曾孕育世界最古老一神教——猶太教，為今日以阿戰爭埋下火種。耶路撒冷成為猶太教、基督教、回教三教之聖城，由於是旅遊聖地，每年吸引上百萬外國遊客，以色列有名的集體農場，水果可輸出，工業上通訊、電子、軍火發展迅速，規定女人也要當兵的國家。

白色是雪地，表示神聖、純潔、正直；紅色表示太陽，並代表熱忱、活力、忠誠。日本自古崇拜太陽神（天照大神），日喻「日出之國」，以圓日（日之丸）為國旗。日本自明治維新後，力行西化，提出文明開放、殖產興業，在政經如日東昇，為亞洲第一大經濟國。由財團、銀行、通產省（經濟部）

日本（Japan）

鐵三角促進日本經濟奇蹟，其後日本面臨泡沫經濟，產業外移至全世界，是有名的「經濟動物」。日本人也是世界平均壽命最長的國家。

國旗使用阿拉伯國家常用的紅、黑、白、綠四色，也代表四個王朝，白色七芒星代表可蘭經第一章的七節 ——「阿拉是唯一真神」。約旦與以色列有一條約旦河通死海，為兩國界河。以前兩國相爭，緣於民族、宗教、土地；今天「水權」之爭，成為新的焦點。

約旦（Jordan）

約旦位處中東，但不產油，而死海海水可提煉鉀鹽，人民常到波斯灣富國當外勞，爭取僑匯。

國旗的藍底為一望無際的晴空，象徵安寧與和平，金色太陽與飛翔天際的金鷹表示著愛與自由。左側有民族服飾的圖案。

本旗亦被選為最佳景致旗。哈薩克經濟在獨立國協中，僅次俄羅斯及烏克蘭，有豐富的礦產，如鎢、鉻、磷、石油及天然氣。

哈薩克（Kazakhstan）

在共產國家中，紅色為革命，兩條細白線象徵純潔，上下藍條代表和平。圓形來自於中國的太極思想，五角星是共產主義的象徵。與古巴為僅存的共產國家。進入北韓不准帶手機、變焦大於 10 的照相機、望遠鏡、筆電、計算器、 MP3 及任何通訊設備，照像也被管制。北韓之行，發現人人能歌善舞。

北韓（Korea,North）

　　北韓礦業蘊藏豐富，工業也興盛一時，自共產蘇聯老大解體，加上持續飢荒，幾乎於崩潰邊緣。南北韓對峙，時修好時緊張。

　　由左半至右半邊分別代表「乾、坤、坎、離」，此四卦象又分別表示了東西南北、春夏秋冬和天地日月，紅青太極代表陰陽調和，國旗底色白色是韓國的聖色，象徵完美純潔。韓國人喜好穿白色的服裝。

南韓（Korea,South）

　　韓國吸收中華文化過程中，極欲保有自己文化特色。南韓近年大力發展鋼鐵、汽車、電子、文化（哈韓風），經濟急速成長，且大多集中在現代、三星、LG、SK 集團。曾受 1997 年亞洲金融風暴侵襲，如今反敗為勝，令人歎為觀止。

　　科威特仍採用回教傳統的黑、白、紅、綠四色，綠色象徵富裕大地，白色代表純潔，紅色就是勇氣，黑色則表示堅貞的人民。曾在波斯灣戰爭受伊拉克入侵，現已完全重建。科威特是沙漠國家，飲水來自海水蒸餾，擁有世界 10% 的石油、天然氣，變得非常富裕，有極佳的社會福利，基層勞動力皆來自外勞。

科威特（Kuwait）

紅色象徵熱情與勇氣，太陽象徵光明與昌隆，太陽中的圓形圖案是帳篷的鳥瞰圖，代表游牧民族。太陽的四十道光芒代表有四十個部落。吉爾吉斯大多以游牧為主，資源有銻、汞、水利。工業因缺乏資金、原料、市場而不振，半數人民仍屬貧窮。

吉爾吉斯（Kyrgyzstan）

　　紅色象徵鬥爭時所流的鮮血，藍色代表湄公河，也象徵繁榮與進步，白色則象徵和平與佛教，也代表滿月。寮國實施社會主義，一向以米倉著稱，卻陷入缺糧與飢荒。
　　主要出口還是木材及木製品，也因地形關係興建水壩，電力也可輸出鄰國，一般人民生活十分貧窮。

寮國（Laos）

　　白色象徵和平和山雪，紅色象徵犧牲精神。黎巴嫩杉是黎巴嫩的國樹，又稱「雪松」，代表堅韌不拔和人民的力量，也象徵國運永生。事實上，黎巴嫩曾陷於內戰，源於基督徒與回教徒的對抗。在內戰前，黎巴嫩是阿拉伯貿易、金融、旅遊中心，推至古早，黎巴嫩就是腓尼基人的基地，如今黎巴嫩失業者眾多，不少人生活在貧窮中。

黎巴嫩（Lebanon）

　　紅白相間的十四條線及十四角的星星是指獨立時期共有十四個州（後來新加坡獨立，再加入首都吉隆坡），弦月則是回教國家的象徵。黃色象徵國家至上，藍色象徵團結（在

馬來西亞（Malaysia）

回教國家甚少用黃、藍色），紅色象徵勇氣，白色象徵純潔。現有十三州，世襲蘇丹有九個，輪流當國王。馬來西亞有二大族群，馬來人涉入政治，華人致力經濟。馬國資源豐富，有木材、橡膠、錫礦、石油，並大力推動製造業，且導入多媒體超級走廊，期 2020 年成為先進國家。

綠色是回教神聖的顏色，表示和平、繁榮，白色新月象徵對回教的信仰，紅色是愛國與熱忱，象徵爭自由的鮮血，在國際上實施不結盟主義。為面積只有三百平方公里的群島國家，標高二‧五公尺，全球暖化，水位上升，令人憂心忡忡。馬爾地夫是熱帶魚的故鄉，被譽為最佳度假島。

馬爾地夫（Maldives）

兩塊紅色分別代表自由與獨立，藍色象徵蔚藍的天空。黃色圖案最上方是火焰，三條火舌表示過去、現在和未來。火焰下面是太陽和月亮。火、太陽、月亮表示世代興隆永生；三角形、長方形代表人民的智慧、正

蒙古（Mongolia）

直和抵抗外侮的屏障；陰陽圖案象徵和諧與永恆。蒙古是游牧國家，過去經濟依賴蘇俄，蘇俄解體後，積極尋求各國外援。

緬甸國旗原與中華民國國旗最相近，將白日改為稻穗（農業）、齒輪（工業），環繞十四顆星（十四行省）。

2010 年 10 月 21 日改成黃、綠、紅三橫線與立陶宛同，但中間加一大白星。綠色是農業也代表安寧，黃色是礦業（紅寶石）亦象徵團結，紅色是熱血、果敢，大白星則是

緬甸（Myanmar）

永恆之意。聯合國將緬甸列為最不發達的國家之一。

世界唯一無二的鋸齒狀國旗，代表尼泊爾國家中的高峰，也是世界第一及第三高峰。底色為紅，外緣鑲飾深藍，上三角形有光芒的月亮，下三角形有太陽，象徵國家的永恆與繁榮。日月代表天神的雙眼，俯視天地。

尼泊爾人勇敢善戰，常受僱當傭兵。另尼國位處喜馬拉雅山，風景秀麗，前來旅遊及攀峰者眾，是重要外匯收入。2001 年國王全家為王儲所射殺，震驚全球，政治曾陷入不安。

尼泊爾（Nepal）

紅色象徵吉祥，白色象徵和平，綠色代表豐收。左上方的國徽是蘇丹所佩的短劍與彎刀，展現對回教堅定的信仰。。

阿曼有農業，生產棗、花生，也有相當的石油產業，近期推行工業化，不同產業限定不同目標，未達成即遭處罰，是謂「阿曼化」（Omanization）。

阿曼（Oman）

綠色為回教的顏色，也象徵國家進步與繁榮，上弦月和五稜星表示伊斯蘭教國度，左邊的白色長方形象徵包含非回教徒的少數民族（印度教），和平共處。巴基斯坦工業不發達，過去因印巴紛爭，也發展核子彈，農業的棉花是重要作物。人口眾多，估計未來將成為世界第三大人口國，僅次中國、印度。有數百萬人赴國外當外勞。

巴基斯坦（Pakistan）

菲律賓（Philippines）和平時期

作戰時的國旗

紅色象徵勇氣，藍色表示和平，白色代表平等，三角形代表反抗殖民統治。太陽代表是亞洲國家，其中八道光芒代表最早發起獨立運動的八個省分，白色三角形內的三顆五稜星代表菲律賓的三大島嶼——呂宋島、民答那峨島及比薩亞島。受美國影響，也是星條旗的一支。

菲律賓曾先後受西、美、日統治，日後脫離不了對美國的依賴。菲律賓為全球唯一國旗掛法有不同意涵的國家。在戰亂時，紅色向上象徵勇往直前的民族氣概。

2010 年 9 月 24 日菲律賓總統艾奎諾三世在紐約畢爾道夫飯店參加美國與東南亞國協高峰會時，就發生美國大使館人員誤把紅色放上方的糗事，美國政府還為此道歉。

卡達（Qatar）

卡達國旗的寬高比例為 28：11，是世界上最苗條的國旗。國旗有九個鋸齒，代表九個酋長國（現剩七個，鋸齒依舊）。白色是和平的象徵，棕色則代表戰爭的鮮血（棕色在國旗顏色極為少見）。卡達主要資源還是石油及天然氣，糧食都依賴進口，面積僅有一萬平方公里。位處沙漠地區，植樹不易，家中樹數代表財力。

沙烏地阿拉伯（Saudi Arabia）

綠色旗面上用白色的阿拉伯文書寫可蘭經的經文，由右至左：「阿拉是唯一的真神，穆罕默德是先知」，下面是一把寶劍，守護伊斯蘭教。綠色頭巾及旗幟顏色，是回教最神聖的顏色。沙烏地阿拉伯的麥加是聖城，現已形成阿拉伯半島最繁盛的朝覲中心及貿

易中心。沙國有全球最大的石油蘊藏量,約占四分之一,國人擁有免費教育
及醫療,但相對的水資源很缺乏。

國旗分成上下紅白兩色,紅色象徵融合,
白色代表真誠,五顆星象徵民主、自由、進
步、和平和公正,新月象徵朝向五顆星所代
表的五大目標前進。

新加坡(Singapore)

以華人為主導的新加坡,追求族群和諧
共處,建立彼此尊重的多元種族社會,走向
國旗所象徵的涵義。新加坡有相當多的外來
人力,如女傭及專業人士。新國教育及健康水準良好,電子業、煉油、金融、
旅遊業很發達,是航空中心,也是轉口中心,在世界競爭力排名中名列前茅,
有「花園城市」之稱。

咖啡色代表僧伽羅族(斯里蘭卡在族語
上為光輝之島,在 1978 年前稱錫蘭),占全
國人口大多數,橙、綠色代表少數民族,黃
色邊框象徵人民追求光明,也象徵國家受佛
祖的保護。菩提樹葉表示對佛教的信仰,獅
子圖案標誌象徵佛教的圖騰(獅子吼)。

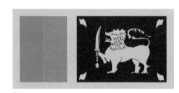

斯里蘭卡(Sri Lanka)

斯里蘭卡因種族衝突而展開內戰,甚至總統也被刺身亡。近期致力經濟
自由化及出口導向,也是世界第一大茶葉輸出國,寶石、橡膠也是重要出口
產品。

紅色象徵熱血，白色象徵純潔，黑色象徵勝利，綠色是穆罕默德的子孫所喜愛的顏色，黑、白、紅、綠就是阿拉伯代表色。兩顆星代表敘利亞與埃及，象徵阿拉伯的聯合。

敘利亞長期由強人阿賽德總統執政（1970～2000），於任內過世，由其子夏爾繼任。敘國農業以麥、棉花為主，工業延伸

敘利亞（Syria）

至棉紡業，礦業為磷酸鹽，有大批人民赴附近國家工作，是重要外匯來源。

紅色象徵國家的勝利，綠色象徵回教和希望，也代表農業，白色是棉花的顏色，也是冰雪的顏色，王冠和五角星圖案則象徵國家的獨立和主權。中間白配黃相當不醒目，遠遠望去像匈牙利國旗。

塔吉克河流多，水力資源豐富，因之，

塔吉克（Tadzhikistan）

也有規模大的煉鋁廠，物質都仰賴進口，算是貧窮的國家。

上下兩道紅色表示泰國民族團結，紅色也是太陽（以農立國），白色象徵他們對白象及佛祖的虔敬，藍色則是泰國王室（泰皇蒲美蓬 2006 年登基六十年，是當今在位最久的國王）及湄南河的色彩。此旗設計正反向皆可。

泰國有強大力量的佛教信仰及聲望卓著

泰國（Thailand）

的王室權威，在東南亞經濟發展較穩定，為成效較佳國家，已漸由農業轉型為工商業為主。1997 年亞洲金融風暴，泰國首當其衝，泰人有相當比例赴外國工作，有趣的是，鄰國也有相同人數來泰國工作。泰國的旅遊業很出名。

黑色象徵過去所受的殖民壓迫，黃色代表爭取獨立，紅色是爭取獨立而流的鮮血，黑色三角形上的白色五角星代表著國家的和平與希望。

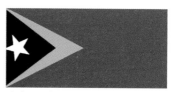

東帝汶（Timor-Leste）

東帝汶其實也是泛印尼人種，因為葡萄牙殖民，居民改信天主教，與印尼之回教水火不容，故積極爭取獨立，是一極度貧窮的國家。

相傳馬其頓王國乘夜黑風高的晚上攻打土耳其，而守軍藉著雲破月來的新月和星星光芒發現敵人來犯，因此將敵人擊退，之後新月就成為土耳其的象徵。隨著鄂圖曼帝國的強大，很多回教國家都將新月放入國旗中。另外，穆罕默德在某一上弦月的夜晚受到天啟，所以也是回教的特徵。又紅色代表鮮血與勝利。

土耳其（Turkey）

土耳其的土地有 3% 在歐洲，97% 在亞洲，有博斯普魯斯及達達尼亞的海峽橫跨歐亞之間，地位很重要。有數百萬土耳其人在歐洲工作。

綠色及新月是回教的傳統，五顆星象徵五個部落，地毯圖案象徵土庫曼的傳統設計和宗教信仰。

土庫曼（Turkmenistan）

土庫曼在 1991 年自蘇聯解體，宣布獨立。石油及天然氣是其自然資源，棉花是主要經濟作物。土庫曼的經濟改革做得不成功，主因為過去共產思想及官僚體系所致，經濟持續惡化中。

阿拉伯聯合大公國（United
Arab Emirates）

紅色象徵熱情及奮鬥，綠色代表富裕的國土，白色表示純潔與純真，黑色是蘊藏豐厚的石油。紅與綠加上白與黑就成了阿拉伯色彩。

阿拉伯聯合大公國有很豐富的石油，有了油的收入，大做公共建設，加上回教婦女很少外出工作，致人力不足，故自埃及、印度、菲律賓、巴基斯坦引進大批外勞。現在該國進行工業化，如石化業、煉鋁業及裝配加工業。除此之外，旅遊業也是重要收入，它擁有世界第一的七星級飯店。

烏茲別克（Uzbekistan）

藍色代表蔚藍的天空，白色代表寧靜、純潔，綠色象徵肥沃的國土，兩條紅色細橫條象徵生命力。新月一側的五角星分三排梯形排列，數目依次遞增，總共十二顆，代表國家的十二州，新月表示是回教。

烏茲別克自然資源有石油、天然氣、黃金，經濟作物是棉花，為世界主要棉花出口國，相對糧食必須進口。

越南（Vietnam）

紅色象徵革命所流的血，五稜星象徵勞工、農民、知識分子、青年和軍人五大階層的團結一致，又有金、木、水、火、土五行涵義，紅旗和黃星也是共產主義國家旗幟的特徵。

現在越南也走向改革開放，由於工資、能源及土地低廉，農林漁礦豐富，很多外商前往投資，特別是臺商名列第一，地位舉足輕重，尤其在鞋業、家具、服飾、玩具及電子裝配。在農作上，越南是世界第二大稻米及咖啡輸出國。

紅色代表革命的精神，白色象徵純潔與
和平，黑色表示要對抗外來的侵略。紅、白、
綠也是回教傳統顏色。葉門本來有南北葉門，
俟 1990 年才統一。大部分的人民都依賴農業
為主，常聽說的「摩卡」咖啡就在此生產。
葉門已有三千年歷史，是古文明之一，也吸
引無數觀光客前來探索遺產。

葉門（Yemen）

　　葉門也是中東貧窮的國家，所以相當多的人口赴外國工作。因扼紅海出
印度洋通道，具戰略地位。

　　在亞洲僅有葉門、亞美尼亞及緬甸是「三色旗」，而三色旗在「歐、非」
十分普遍。

　　巴勒斯坦的國旗在 1969 年由解放組織
PLO 採用與約旦十分相似，僅少顆白星。沿
用回教國度之雙對比色——黑白配及紅綠
配。尚未加入聯合國，被列「觀察員國」。

巴勒斯坦（Palestine）

　　猶太人在西元前一千二百年在巴勒斯坦
定居，後為羅馬人逐出，由阿拉伯人移入。
第二次世界大戰後猶太人回歸運動，1948 年成立以色列，二個民族訴諸武
力，目前為止，仍是歷史複雜糾葛。

B 歐洲

共四十五國，占世界 22%。

面積一千零一十六萬平方公里，占世界 17%。

人口約七億三千萬人，占世界 11%。

　　黑色雙頭鷹表示阿爾巴尼亞是「鷹的傳人」，雙頭鷹分別瞭望著歐洲和亞洲，代表阿爾巴尼亞位於歐亞兩洲中間點，位置居於樞紐，紅色代表原為共產國家及人民奮鬥的精神和先烈的熱血。

　　阿爾巴尼亞曾加入共產集團，目前絕大部分人民生活貧窮，有數十萬人民赴海外工作。該國有鉻、銅、鐵礦，但缺乏資金，尚未開採。

阿爾巴尼亞（Albania）

安道爾受法國、西班牙兩國保護，故吸取了法國國旗的藍色和西班牙國旗的黃、紅兩色，因而制定了這面集大成的藍、黃、紅三色旗（與羅馬尼亞、查德完全相同），後來又在黃色部分加上領主的國徽。

安道爾（Andorra）

安道爾是一小國，初期經濟以畜牧及農業為主，現轉型為商業及旅遊業，全國面積五百平方公里，人口七萬人，是一迷你型國家，是世界最長壽的國家。

傳說在十字軍第三次東征時，奧地利公爵雷歐伯特英勇殺敵，戰袍都被鮮血所染紅，唯獨中間鐵甲部分沒被血水所染，尚殘留有白色，神聖羅馬帝國頒紅白紅勳章表揚。根據這段史話，成為今日奧國國旗的顏色，紅色代表愛國和犧牲，白色象徵和平與純潔。

奧地利（Austria）

奧地利有豐富的文化遺產、浪漫的音樂、景致優美的山景，冬季滑雪吸引許多觀光客，電子、化學、金屬工業也很發達，還有世界有名的福利制度，是人間世外桃源。

左方花紋圖案代表民族傳統文化的花紋，以及人民團結一致，紅色象徵革命，綠色表示欣欣向榮的大地。白俄羅斯過去就有很好醫療及教育水準，工業上也是煉油、石化的重鎮，農業為馬鈴薯及甜菜產地，以前是共產制度，現積極轉型，但成效仍不彰。

白俄羅斯（Belarus）

國名叫「白」俄羅斯，代表純正，不同流合汙。

黑色代表堅強的愛國心，紅色為保衛國家的熱
情，黃色象徵國家的財富與豐收及擁護王室的決心。

比利時（Belgium）

比利時面積三萬平方公里（比臺灣略小），人
口約一千萬，但國民所得甚高，有世界最密集的鐵
路網、繁忙的機場及海港，都市建築及運河甚有風
味。比利時也是鋼鐵主要生產國，同時是最大鑽石
中心。談到比利時，也會想到「尿尿小童」，小人
物立大功！

藍色旗底與白色星星，表示波士尼亞為
歐洲國家中的一員（與歐盟同一系統）。黃
色象徵新希望，三角形分別代表回教徒、克
羅埃西亞人、塞爾維亞人能夠和睦相處。

波士尼亞（Bosnia）

這個國家的前身就是南斯拉夫，自解體
後留下本尊。過去長期內戰，經濟沉淪，水
準下降，現已停戰，但百廢待興。

將俄羅斯國旗青色改為綠色，就是保加
利亞國旗。白色象徵自由與和平，紅色是愛
國和熱血，綠色代表綠色大地（保加利亞是
世界玫瑰盛產地）。

保加利亞（Bulgaria）

保加利亞信奉東方正教，共產時代結束
後，通貨膨脹嚴重，故決定轉向市場經濟，
發展農業、輕工業、旅遊業、服務業，採行
「震盪療法」經濟改革，但是還有一段長路。

白、藍、紅的順位就是斯拉夫民族的傳統，紅色是愛國的勇氣，白色象
徵和平與安寧，青色表示自由和尊嚴。國徽的紅白方格展現出民族的傳統，

是中古時代王國的徽章；五個盾形的小徽章，分別代表境內的五個省。

克羅埃西亞曾為南斯拉夫聯邦一員，算是比較富裕之地，擁有豐富的森林及水利，還有農業及工業基礎，現更積極促進旅遊業復甦，有古城、海濱，是很好的賣點。

克羅埃西亞（Croatia）

白色代表摩拉維亞；紅色表示波希米亞；青色代表斯洛伐克（現已獨立）；三角形則象徵境內的喀爾帕特山脈。白、青、紅亦是斯拉夫顏色。

捷克一向是高度工業化國家，如汽車、鋼鐵、機械，並有豐富煤礦，人民好飲啤酒，有名的布拉格查理大學，創辦於 1348 年。是最古老的大學。首都布拉格被譽為建築博物館，是有名的旅遊景點。

捷克（Czech Republic）

丹麥的國旗是世界上最早使用的國旗。1219 年，丹麥國王華德馬爾二世和愛沙尼亞人苦戰時，奇蹟突然來臨，當時他張掛此旗作戰，勢如破竹，有如神助，大獲全勝，於是丹麥後來便一直使用這面旗。

早期丹麥（北歐也是）有自己的神與信仰，十世紀以後受基督教影響，放棄多神教，從追求戰爭、好戰的維京人，成為農耕安居的民族，不再對鄰國掠奪。小朋友一談到丹麥，就聯想到安徒生童話。

丹麥（Denmark）

丹麥有北海石油、有可觀的風力發電，並有發達的漁、牧業、生產業，服務業極為進步，生活水準甚高，人民素質備受肯定，也享有高品質福利，但其稅率相對也高。是名列最快樂、最幸福的國家第一名。

藍色象徵自由和天空的曙光；黑色代表國土及反抗異族統治的黑色年代；白色則意涵著和平與安寧。

愛沙尼亞（Estonia）

愛沙尼亞就是所謂波羅的海三小國之一，自蘇聯獨立後，是市場經濟轉型最快的國家，積極歡迎國外投資，除生產業很快復甦外，更推動林業、漁業、旅遊業之發展。

當年要獨立時，蘇聯出兵干預，1989 年 8 月 23 日（德蘇互不侵犯五十週年），三小國人民手牽手，構成一人鏈（Hunan Chain），長達六百公里，軍隊不敢硬幹，以這種方式成立獨立國家，成為千古美談！

藍色代表蔚藍的天空和清澈的湖泊，白色象徵皚皚白雪，藍色十字代表芬蘭是北歐國家的成員之一。是很重視女權的國家，有相當高比例的議員是女性。

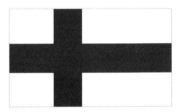

芬蘭（Finland）

芬蘭號稱千湖之國，孕育了豐富的森林及水力，位居北方，長年冰雪，特別是冬季，嚴寒與黑暗帶來心理威脅，易於情緒不定，藉酒消愁。芬蘭林業發達，所以建材及家具也很有名，值得一提 Nokia 也來自芬蘭，有相當的貢獻。

國旗顏色源自於法國大革命，藍、白、紅也象徵自由、平等和博愛。隨著拿破崙的東征北討南伐，全歐洲受其影響，大多使用三色旗。迄今法國仍是引導世界流行的重鎮，如建築、繪畫、音樂、服飾、奢侈品等。法國為世界第二大農產品出口國，也是全球第四大工業國，諾貝爾文學獎得主遠超過任何國家。至法國旅遊的人口，長久以來均居世界第一。

法國（France）

國旗顏色取自於十九世紀幫助德國統一的學生義勇軍的制服，這群義勇軍身穿黑色披風，戴著紅色肩章及金黃色的鈕扣。黑色表示勤勉與力量；紅色代表國民的熱情；金色象徵榮譽的精神。也有一說，神聖羅馬帝國的旗幟是黃底黑鷹，鷹爪及鷹嘴是紅色，所以黑、紅、黃成為日耳曼三色。德國高效

德國（Germany）

率的技職教育、實事求是的工作態度和高品質團隊是該國成功的關鍵。德國是世界第三大經濟體、第二大貿易國，最強的是汽車、化工、機械。

　　藍色代表藍天和愛琴海，孕育航海技術及希臘文明；白色象徵和平與純潔；左上方1：1的十字表示希臘人所信仰的希臘正教。藍白相間的九條條紋是獨立戰爭時，希臘語的口號「毋自由寧死亡」的九個音節。

希臘（Greece）

　　希臘發展出之東方正教，因後來受回教的土耳其長期統治，宗教受到抑制，傳至東歐諸國的東方正教也因共產國家是唯物論（無神論），所以難以拓展，比起天主教、基督教較式微。希臘是橄欖、葡萄、蘋果生產國，但工業不太發達，最有名的是航運業及旅遊業。近年財政惡化，有債信危機。

　　紅色象徵愛國心及革命鮮血；白色代表純潔與和平；綠色則是希望與發展。
　　匈牙利有多瑙河流過，沖積匈牙利平原，在綠色大地發展農業活動，有多樣的農作物，也有相當程度的製造業，旅遊業也頗為興盛。

匈牙利（Hungary）

　　國旗上的十字是北歐共同特徵，也代表著基督教國家。紅藍交換就是挪威國旗。藍、白、紅三色分別代表組成冰島的三元素：水、冰、火。

　　冰島顧名思義四面環海（水），冰河長達一萬三千公里，分布各地（冰）。又島上火山百座以上，活火山不少（火），所以漁業、水力、地熱等資源豐富。冰島曾擴大經濟海域而與英國起爭端，即為有名的「鱈魚戰爭」。冰島人原為漁人天堂，而拜歐盟之故，轉型金融，金融海嘯來襲，被稱之為「破產國家」。

冰島（Iceland）

　　綠色代表天主教居民；橙色表示英國國教居民；白色則象徵彼此的兄弟之愛。橙色與綠色互換，就成非洲象牙海岸國旗。

愛爾蘭（Ireland）

　　以前愛爾蘭資源有限，所以人口大量外移，住美國的愛爾蘭人比本國人多，如甘迺迪、布希、雷根、柯林頓皆是其後裔。現在愛爾蘭人力素質提升，使用電腦及研究發展比例世界第一，並給外資優惠，外國公司前來投資絡繹不絕，連續多年成為歐盟模範生，從奄奄一息到生龍活虎。

　　綠色代表義大利美麗的平原，也代表希望；白色表示阿爾卑斯山的白雪，也象徵和平；紅色象徵烈士的鮮血。

　　綠、白、紅是當年拿破崙征服義大利，將法國國旗的青色改成綠色而來。

義大利（Italy）

　　義大利是古羅馬帝國的中心，文化優勢一直維持數千年，十六世紀才移轉至大西洋歐洲。義大利仍屬世界七大工業國，工業由中小企業主導，經濟北重南輕。義大利古蹟處處，加上風光明媚，是旅遊大國。

科索沃（Kosova）

科索沃原為塞爾維亞的自治省之一，但因種族（科索沃境內大多為阿爾巴尼亞人）及宗教（塞爾維亞信奉東方正教，科索沃則信奉回教）問題，導致科索沃 2008 年 2 月 17 日脫離塞爾維亞獨立。科索沃的國旗是青底上有六顆白星及黃色的地圖，星星來自歐盟概念（與波士尼亞同）。繪有國土形狀者，全世界有賽普路斯及科索沃。目前尚未加入聯合國。

拉脫維亞（Latvia）

暗紅色是歌頌烈士的熱血；白色象徵和平與安寧。傳說一愛國志士壯烈犧牲蓋上白布，血染白布，剛好在腰際處仍有一白條未染紅，就以此為國旗。

拉脫維亞在波羅的海三小國中，工業基礎居首位，特別是電機、電子、機械、建築，成為外資在東歐的最佳投資選擇。

列支敦斯登（Liechtenstein）

藍、紅兩色分別象徵深藍色的星空與燃燒熾紅的爐火，也是兩位親王的主色，合而為一；王冠則代表人民與統治者所期望的是一樣的。

列支敦斯登面積一百六十平方公里，人口約三萬人，由瑞士負責其國防及外交。以前是畜牧國，二次大戰之後發展工業，以品質著稱，並有旺盛金融搭配，成為國民所得很高的國家。值得一提的是，其印行精美郵票，使集郵者愛不釋手，又因是山國，也發展為旅遊、滑雪的首選，並鼓勵跨國企業來設境外公司，所謂「小國大志氣」。

黃色代表太陽，表達人民為爭取獨立的
願望；綠色象徵大地，表示無限生機；紅色
則代表勇氣。

　　立陶宛在波羅的海三小國中，以農業取
勝，主要畜牧業占七成，其餘為穀類。此外
也提供木材及紙類原料，在工業方面以化學
肥料比較重要。

立陶宛（Lithuania）

　　盧森堡的國旗由紅、白、藍三色組成，
與荷蘭國旗紅、白、青極為相似，但藍色的
部分較淺，所謂「青出於藍」。國旗的顏色
取自於盧森堡的皇家徽章，代表勇氣、信仰、
忠誠。

　　盧森堡是歐洲一小國，占地約二千六百
平方公里（臺灣三‧六萬平方公里），但他

盧森堡（Luxembourg）

們有全世界最高的國民所得、最低失業率，人口不到五十萬，所以從國外引
進很多外勞動力，特別來自所得較低的葡萄牙。在經濟上以鋼鐵、金融、電
視三者最為重要，也是世界手機、汽車擁有率最高者。

　　太陽旗象徵著「全世界的民族同在一個
太陽普照之下」，源自亞歷山大帝的圖騰。
十六道黃紅光芒的太陽，代表永恆和光榮。

　　馬其頓是一個山地內陸國，為前南斯拉
夫聯邦最窮的一國，擁有鐵、鋅、鋁資源及
森林、水利，但工業不振，失業率甚高。

馬其頓（Macedonia）

紅色象徵愛國及犧牲，白色代表純潔與正義。國旗左上角的聖喬治十字勳章，為二戰後的英國頒予馬爾他，做永恆紀念，也是大英國協成員。

馬爾他是一個小島國，面積僅三百平方公里，介於北非利比亞與義大利西西里島之間，又稱地中海心臟。2004 年加入歐盟，缺

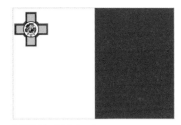

馬爾他（Malta）

乏資源，境內無森林、河流、湖泊。糧食仰賴進口，目前希望發展境外金融市場。前美國老布希總統與蘇俄戈巴契夫總統在此簽廢止核武協定。

藍、黃、紅三色是特蘭西瓦尼亞、摩爾多瓦和瓦拉幾亞等公國國旗的色彩，與羅馬尼亞一模一樣。國旗正中的黃色部分放置的是一枚國徽，有隻雄鷹，擁著牛頭盾牌，一爪抓橄欖枝，一爪抓權杖。摩爾多瓦與羅馬尼亞、烏克蘭相鄰，面臨黑海，主要是農業如穀類、甜菜、菸草，工業不發達，國民所得相當低，屬於東方正教。對臺灣觀光客不歡迎，百般刁難。

摩爾多瓦（Moldova）

紅、白兩色自古即代表皇家的顏色，而摩國上紅下白的國旗與印尼國旗相同（長寬比例略不同）。

摩納哥真的是小國，面積不到二平方公里，開車不到十分鐘即可穿越整個國家。受法國保護，是世襲國王制。王妃是美國著名明星葛麗絲，不幸車禍身亡。摩國收入來自

摩納哥（Monaco）

旅遊業（占55%）、不動產、銀行、保險、郵票，還有聞名的蒙地卡羅（Monte Carlo）賭場及汽車接力賽。享有「有錢人天堂」美譽。

以前是南斯拉夫聯邦，1991年發生內戰，聯邦中斯洛維尼亞、克羅埃西亞、赫塞哥維納及馬其頓獨立。2002年南斯拉夫改名「塞爾維亞及蒙特內哥羅」，2006年6月蒙特內哥羅獨立，面積僅一・三八萬平方公里，此國當地語是「黑山」。

國旗是紅底金框，受昔日橫跨歐亞的拜占庭影響，採雙頭鷹，鷹頭上有皇冠，爪握權杖及毛絨，胸前有金獅盾牌。

蒙特內哥羅（Montenegro）

紅色代表勇氣，藍色象徵對祖國不變的忠心，白色則表示神的祝福與庇佑，是世界最早的三色旗。

荷蘭三色旗是為海上航運辨識之用，曾有歐洲最大船隊，發展商業網路，建立世界貨櫃的地位。荷蘭有四分之一面積低於海平面，有三分之一高於海平面一公尺，是典型低地國，有「上帝造海，荷蘭造陸」之說。荷蘭是歐洲人口稠密之地，也是比較開放的國家，所以同性戀、大麻、安樂死合法化，是海運轉口港及空運集散地，多國籍企業有聯合利華、蜆牌石油、飛利浦、海尼根、ING保險等。

荷蘭（Netherlands）

紅、藍、白三色分別代表自由、平等、博愛，同時也是典型自由與獨立的表徵。挪威國旗藍、紅兩色的配置剛好與冰島國旗相反，也是在丹麥白色十字上畫上青色十字。青色除了代表面臨大西洋，國內也有很多美麗的峽灣。挪威是以北海石油、航運、造船為主，水利資源頗豐，漁業也很發達，在其北角可欣賞永晝的奇景，國民所得相當高，是「小國大志氣」的風範。

挪威（Norway）

紅色象徵為爭取獨立時所流的鮮血，白色表示獲得獨立後的喜悅。與印尼（摩納哥）恰好相反。

　　波蘭全國都是平原，十八世紀普魯士、奧地利、俄國三強瓜分，終至滅亡。第一次大戰後波蘭復國，國土只剩一半；第二次世界大戰再次遭德、俄瓜分，在戰爭期間千萬

波蘭（Poland）

波蘭人犧牲。波蘭屢遭瓜分，古典作曲家蕭邦作波蘭舞曲，化為抗暴象徵。自脫離共產體制推行自由化後，私有化有效控制通貨膨脹，被稱「震盪療法」。

　　紅色代表英雄的鮮血，綠色象徵希望和誠實，金色的渾天儀表示葡人航海冒險的精神，白色盾徽中的五枚藍盾代表葡人打敗摩爾人所建立的五個王國。小盾上有五個白圓斑，係耶穌釘十字架之傷口。

　　葡萄牙航海家達伽瑪發現新航路，改變人類的世界觀，也開啟葡萄牙的黃金時段，曾與西班牙雙雄稱霸全世界。

　　現在的葡萄牙以農、漁業為主，以葡萄、軟木、鱈魚著稱，工業不發達，是歐洲人口外移最多的國家，與過去黃金歲月有天壤之別！

葡萄牙（Portugal）

　　藍色代表晴朗、自由的天空；黃色象徵豐富的自然資源；紅色則是人民的勇敢和犧牲精神，此三色也代表羅馬尼亞由三個地方所組成。這面國旗與非洲查德一模一樣。

　　羅馬尼亞人就是古羅馬人的後裔，也是東歐唯一的拉丁語系民族。羅馬尼亞是東歐較窮困的國家，經濟改革很慢，曾遭遇嚴重通貨膨

羅馬尼亞（Romania）

脹，2005 年將舊一萬元折合新幣一元，是目前全歐國民所得最低的國家。

俄皇彼得大帝為建設海軍而前往荷蘭學
習造船時，對荷蘭仰慕至極，參考荷蘭國旗
而設計了現在的俄羅斯國旗。白、藍、紅三
色是斯拉夫民族的代表色，分別象徵土地、
海洋及國民的忠誠。亦代表寒、亞寒、溫帶。

俄羅斯（Russia）

領土向西至波羅的海沿岸，並因西伯利
亞散居少數民族，領土迅速向東擴張，成舉
世面積最大國家；同時在經濟、軍事、教育進行歐化改革，使國民對沙皇極
為忠心。二十世紀上半葉蘇俄在重工業、軍火工業成績驚人，蘇聯解體後各
項競爭力衰退。

白色象徵白雪皚皚的山巒及國民純潔的
心，藍色表示蔚藍的天空。三座白塔代表山
峰的三座堅固城池，金色公爵皇冠表示聖馬
利諾曾受教皇庇護。緞帶上有拉丁文的「自
由」，是世界最古老共和國。

聖馬利諾（San Marino）

聖馬利諾自西元 300 年建國，是義大利
境內之國中國，面積六十平方公里，人口不
足三萬，風景如畫，缺乏資源，以發行郵票及紀念幣著稱。

藍、白、紅三色為斯拉夫民族的色彩，俄國國旗的三色便成為斯拉夫民
族的代表色。藍色代表蔚藍的天空，白色是對和平生活的嚮往，紅色象徵革
命所流的鮮血。這面國旗恰巧與俄羅斯國旗完全相反。

以前是南斯拉夫聯邦。1991 年發生內戰，聯邦中斯洛維尼亞、克羅埃
西亞、赫塞哥維納及馬其頓獨立。2002 年南斯拉夫改名「塞爾維亞及蒙特
內哥羅」，久經戰亂，經濟失控，國勢不如前，曾發行五千億之巨鈔。2006
年 6 月 3 日蒙特內哥羅獨立。2008 年 2 月 17 日科索沃再獨立，共分裂七國，
留下核心的塞爾維亞，被稱「巴爾幹之鑰」。

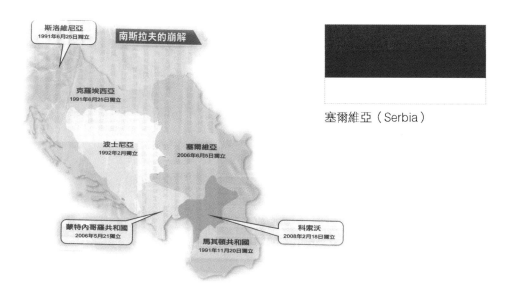

塞爾維亞（Serbia）

　　國旗體現了斯拉夫民族的白、藍、紅三色，這面三色旗展現斯拉夫民族。另有一盾牌，上有雙十字立於山峰上，表示人民保衛國土的英勇。

　　斯洛伐克原與捷克同一國度，因捷克以工業為主，斯洛伐克以農業為主，1993 年決定和平分手，稱為「天鵝絨革命」（Velvet Revolution），現積極發展觀光業。

斯洛伐克（Slovakia）

　　國旗也是採取白、藍、紅斯拉夫民族三顏色。白色表示對和平的嚮往；藍色代表斯洛維尼亞人如大海般的胸襟，紅色象徵爭取獨立的勇氣。

　　在國徽上有座斯洛維尼亞的最高山，其上三顆星，象徵獨立自由。在前南斯拉夫各國中，斯洛維尼亞生活水準較高，民族性也冷靜機巧，被喻南斯拉夫的明珠。

斯洛維尼亞（Slovenia）

西班牙的國旗又稱「血與金」國旗，也
代表拉丁民族熱情的顏色，紅色是鮮血，黃
色是國土。國徽上的皇冠象徵國王，中心盾
徽的五個圖案代表昔日的五個王朝。盾徽兩
旁的銀柱象徵守護的兩大石柱，捍衛國土。
紅、黃兩色成為西班牙語系的代表色。

西班牙（Spain）

　　西班牙的哥倫布發現新大陸，麥哲倫環
繞地球一周，在世界各地建立殖民地，「拉丁美洲」是最大文化移植區。西
班牙旺盛的生命力，孕育傑出藝術家、音樂家及文學家。西班牙的橄欖、軟
木、柑橘很有名，漁船、汽車也很發達。由於位處南歐，風和日麗，是旅遊
的重要首選。

　　1157 年，瑞典和芬蘭戰爭，出征前向神
禱告時，看見一道金色十字架的光芒橫越藍
天，又稱「金十字」旗。瑞典國旗象徵著瑞
典人民對這片土地和陽光（黃）、澄淨天空
（青）的熱愛。

　　「斯堪地那亞十字架」表示信奉基督
教，青色的底除了表示波羅的海，亦有眾多

瑞典（Sweden）

冰蝕湖，風景秀麗。黃色的十字，代表豐富礦產，瑞典的鐵礦及鋼製品享譽
全球，社會福利佳，國民所得高，汽車 Volvo 及通信 Ericssion 是其國寶。

　　神聖羅馬帝國時代賞賜給瑞士人民一面紅底白十
字的盾牌，作為自由的標誌。1848 年，瑞士正式將紅
底白十字旗定為瑞士國旗，紅色象徵勝利、熱情，白
色代表和平、光明。瑞士一直以中立國自居，曾多次
人道救援，而誕生後來與國旗相反顏色的「紅十字」。
瑞士國旗長寬比例是 1：1。瑞士的十字屬新教喀爾文
派，因反對羅馬教會腐敗，強調回歸聖經傳統而興起

瑞士（Witzerland）

教派，教規甚為清高。

　　瑞士缺乏資源，但致力工業技術，如鐘錶、製藥、精密精械、食品加工等皆舉世聞名，金融事業、旅遊事業、跨國企業更是獨步全球。

教廷（The Holy See）

　　金、銀兩色象徵和平與仁愛，同時也代表著教皇的威儀與職責，皇冠象徵教宗的最高權力。二把交叉的鑰匙是耶穌授與門徒彼得通往天國之鑰，又稱為「聖彼得之鑰」。教廷國旗與瑞士一樣，為世界獨二的正方旗。

　　教廷（梵蒂岡）在義大利境內，是世界最小的國家，僅〇‧四四平方公里，主要是一座聖彼得教堂，其內藝術品皆是稀世珍品，每天都有眾多信徒或觀光客來朝聖。教宗由樞機主教選出，是終生職。

烏克蘭（Ukraine）

　　藍色是天空的顏色，象徵自由和主權；黃色代表土地及物產，表示烏克蘭為以農立國的國家。烏克蘭國旗「黃、青」對比色，十分顯眼。

　　烏克蘭有肥沃的黑土，甜菜、小麥很有名，以前被稱歐洲穀倉。原本鐵礦及工業發達，自蘇聯解體後，所有產出大受影響，人民普遍貧窮。

英國（United Kingdom）

　　英國的「米字旗」是融合了三種民族的旗幟所結合而成，這三個民族分別為──英格蘭、蘇格蘭及愛爾蘭。1277 年白底紅十字旗幟被作為英格蘭旗子，1603 年組合藍底白色斜十字旗幟，成為米字旗的雛形，1801 年

組合白底紅色斜十字旗幟，成為現今的米字旗。

　　英國出現工業革命，國勢鼎盛，建立了「日不落帝國」，米字旗隨之飄揚各殖民地，但如今風華不在。米字旗也是「大英國協」成員的代表標誌。

Ｃ 非洲

共五十四國，占世界 28%。
面積三千零二十萬平方公里，占世界 22%。
人口約八億八千萬人，占世界 13%。

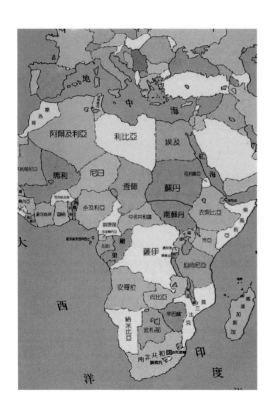

綠色代表未來的幸福，也是伊斯蘭教傳統顏色，白色是純潔與和平的象徵，紅色則是爭取獨立的勇氣與奮鬥的精神，上弦月與五稜星是伊斯蘭教世界的共同特徵。

阿爾及利亞發現豐富的石油及天然氣，成為能源重要供應國之一。此外，鐵礦及軟木均有出產。此國北部是地中海型氣候，中部是熱帶草原，南部是沙漠。

阿爾及利亞（Algeria）

紅色代表人民浴血奮戰的鮮血，黑色是非洲本色，星星是社會主義的標誌，也代表團結進步。半個齒輪和一把柴刀組成的圖案，類似蘇聯國旗的鐮刀和鐵鎚，齒輪代表工人，柴刀代表農民，象徵農工大團結。

安哥拉是非洲最大葡萄牙語國家，長年戰亂，成為世界最不發達國家之一。近年開發石油、天然氣、礦產及森林，並積極振興觀光。

安哥拉（Angola）

紅、黃、綠就是非洲三顏色，綠色代表農業和大地，黃色代表資源，紅色則象徵自由與先烈鮮血。

以前貝南，舊稱達荷美（Dahomey），國旗是全綠（像北非的利比亞），左上角有顆紅星，表示是社會主義國家。大部分人民以農業為生，生產棉花及棕櫚油，國民所得低。

貝南（Benin）

國旗以淡藍色為底色，表示對水資源的重視，中間嵌一條黑道，黑色上下各鑲一條白色窄條，表示黑人和白人平等，在同一個藍天下共同為國家努力。

波札那出產鑽石，因是內陸國，都經南非。此外並有銅、鎳蘊藏，在非洲國民所得中算比較高檔。

波札那（Botswana）

使用紅、黃、綠非洲三色，紅色象徵革命，綠色象徵希望、農業及森林，黃色代表礦產資源，星星象徵光明的未來。以前國名叫「上伏塔」（Upper Volta），國旗與葉門相反。

布吉那法索原為法國殖民地，大部分的人民是文盲，而且十分貧窮，正接受國際援助。人民泰半以農為主，主要生產小米、稻米、高粱和棉花。

布吉那法索（Burkina Faso）

國旗以白色 X 字分為四部分，中間一個圓形，裡面有三顆星。紅色為紀念犧牲先烈的鮮血，綠色代表希望，白色是和平，三顆星星分別是國家標語「團結、勞動、進步」，也代表三個族群彼此和睦相處。人人會擊鼓，有「鼓國」之稱。

蒲隆地早期是比利時殖民地，種族不睦，屢屢政變，政局動盪。國家小，人口多，工業極度不發達，人民大多以農牧為生，國民所得世界最低。

蒲隆地（Burundi）

國旗也採用紅、黃、綠非洲三顏色，綠色代表人民對幸福的期望及欣欣農業，黃色象徵希望，也代表礦產資源，紅色則是統一及熱情。以前喀麥隆的國旗是在左邊的綠色中有兩顆黃星，代表東、西喀麥隆（分屬英、法）。1975 年改為中央一顆星，表示團結。喀麥隆以農林為主，也有礦產，水利資源豐富，自然條件還算優越。

喀麥隆（Cameroon）

國旗上畫了十顆星，代表由十個島所組成；星星排成一圈，象徵團結合作；藍色的背景代表蔚藍天空與大海；紅色橫線代表赤道；白色象徵和平。

維德角島原來國旗與幾內亞比索十分相似，1992 年才改成當今國旗。維德角島原屬葡萄牙，葡語是「綠色之地」，人口大多從事農業，但無法自足。

維德角島（Cape Verde）

這面五彩國旗既包括非洲色彩，也包含法國國旗的三色，融合非洲本土及宗主國，左上角黃色五角星代表獨立和統一。藍、白、紅三色是和平與犧牲，綠色代表叢林，黃色代表大草原和撒哈拉沙漠，紅色貫穿四色，有協力團結的意味。

中非（Central African Republic）

中非的經濟支柱是鑽石、咖啡、棉花、木材，沒有什麼工業基礎，人民甚為貧窮，必須接受外援。

由於曾受法國統治，因此顏色用與法國國旗藍、白、紅相近的藍、黃、紅三色，反映出法國文化對查德的影響。藍色象徵天空和希望，黃色代表太陽和撒哈拉沙漠，紅色象徵進步與團結，與羅馬尼亞國旗完全相同。

查德以農牧為主，工業不發達，經濟落後，而且獨立後，政變頻傳，局勢不穩。

查德（Chad）

綠色與弦月都是回教的象徵，四條橫條分別代表主要的四個島，也象徵資源（黃）、和平（白）、自由（紅）、希望（藍），四顆星也是代表四個島。

以前以舊旗為綠底，中間有白色弦月及四星，旗右上角有「阿拉」，左下角有「穆罕默德」的阿拉伯文，2002年改用當今國旗。

葛摩（Comoros）

葛摩以農業維生，但糧食仍不足，資源有限，教育水平低，依賴外援。

橙色代表國家的繁榮，也代表大草原；白色象徵著和平與國民的團結，以及水源河流，綠色代表對於未來的希望和森林。與國旗上的橙綠互調，就成為愛爾蘭國旗。

象牙海岸首都「阿必尚」高樓林立，被稱為「非洲小巴黎」。而且是西非海空運發達之國，世界可可亞第一出口國，產量占世界40%，是飲料及巧克力之原料。

象牙海岸（Cote d'Ivoire）

藍色代表剛果河及和平，黃線是地下資
源，黃星是光明未來，紅色是烈士熱血。

1908 年為比屬剛果，1960 年獨立「剛果
共和國」，1971 年稱為「薩伊」（Zaire），
曾有一軍事強人莫布杜在位三十年，獨裁專
制，貪汙腐敗，名聞國際。國旗是綠底中黃
圓，其內有一革命火炬，也是非洲三顏色，
1997 年改國名。因剛獨立，也叫剛果民主共

剛果民主共和國（Democratic
republic of the Congo）

和國。為與現在剛果共和國區別，國際上以首都置於前稱之「金夏沙剛果」。
它是世界第三大鑽石國，銅礦第四，但內亂不斷，人民生活水準低落。

白色象徵和平與平等；藍色象徵天空和
海洋；綠色象徵財富和大地，也代表國內兩
大族群——伊薩族及阿法爾族。吉布地位於
紅海出印度洋地帶，地理位置極為重要。

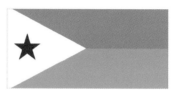

紅星表示統一和獨立，吉布地資源有限，
人口快速增加，但教育水準低，仍屬一窮國。

吉布地（Djibouti）

紅色代表革命及犧牲；白色代表光明的
未來；黑色表示被外族統治的黑色歲月。中
央的國徽稱為「薩拉丁之鷹」，是對抗十字
軍英雄薩拉丁的標誌，或代表古埃及法老王
之圖騰。法老王是神的兒子，集財富與權力
於一身。國旗上的老鷹沒了，就是葉門國旗。

埃及（Egypt）

埃及的蘇伊士運河貫穿地中海及印度
洋，以前為英、法兩強控制，1956 年才收歸國有，是埃及一項重要收入。
此外，埃及也是文化古國，古蹟名勝眾多，旅遊條件優異。自然資源有石油、
天然氣、磷及棉花，有二百萬人赴海外工作，是外匯重要來源。

綠色是農業與大地，象徵財富，白色代表寧靜與平和，紅色為獨立而奮鬥的鮮血，藍色代表大西洋。國徽中的樹是赤道幾內亞的紅木，林木參天，根部盤錯，牢不可拔，象徵國家固若磐石。上方六顆星代表組成國家的六個地區，下方的緞帶上用西班牙文寫著：「統一、和平、正義」，是非洲唯一有文字的國旗。

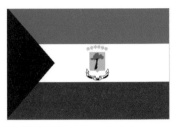

赤道幾內亞（Equatorial Guinea）

　　赤道幾內亞有廣闊的熱帶雨林，人民習於農作，經濟極不發達，政局亦很不穩定。

　　綠色象徵農業及綠色草原，紅色象徵為獨立而奮鬥，藍色代表豐富的海洋資源，黃色象徵礦產資源，橄欖枝則展示了人民對和平的期待。

厄利垂亞（Eritrea）

　　厄利垂亞長期受衣索比亞統治，1993 年才獨立，征戰數十年，經濟受到嚴重破壞，人民仰賴農漁業，極為貧窮。

　　國旗是根據舊約聖經諾亞方舟故事中的彩虹而定的，表示是基督教國家。綠色代表豐饒的國土及財富，黃色代表愛與信，紅色象徵勇氣及愛國心。國旗反向就是南美玻利維亞國旗。衣索比亞的紅、黃、綠三色為後

衣索比亞（Ethiopia）

來非洲獨立國紛紛採行，故此三色又稱「非洲三色」。衣索比亞是畜牧大國，在放牧過程無意中發現野生咖啡。1968 ～ 1985 年間，因乾旱、戰爭、人口，造成飢民慘狀，變成難民的故鄉。臺灣世界展望會乃發起「飢餓三十」來援助。

國旗用綠、黃、藍三色。綠色象徵熱帶雨林，黃色象徵赤道及礦產（鈾、錳），藍色展現了加彭西側大西洋及水資源。亦有人說這面國旗的設計靈感，來自史懷哲所著的《水與原始林之間》一書。加彭是非洲富裕國家之一。

加彭（Gabon）

採用「非洲三色」——紅、黃、綠，綠色代表茂密的森林和豐富的農產（其可可產量占全球一半），黃色代表豐富礦藏和自然資源，紅色代表愛國熱情，黑色星星代表非洲的自由之星，人口數與臺灣最為相近。

1957 年迦納建國，1958 年幾內亞建國，而後 1960 年有十七個國家獨立，被稱為「非洲年」。迦納以前叫「黃金海岸」，以黃金為主要出口。

迦納（Ghana）

採用「非洲三色」——紅、黃、綠，黃色象徵資源，綠色代表森林，紅色是為國犧牲，黑色五角星是「非洲之星」，為紀念人民獨立運動，象徵自由。

幾內亞比索原為葡屬，獨立後，政局仍不安，生活水平低，失業率極高，主要出口產品是腰果。有趣的是其面積與臺灣幾乎一樣大小，都是三‧六萬平方公里。

幾內亞比索（Guinea-Bissau）

國旗使用非洲色彩紅、黃、綠三色，紅色為非洲太陽及愛國情操，黃色象徵財富及地下資源，綠色代表森林及農業，此三種顏色也分別代表著勞動、正義、團結。

幾內亞資源豐富，鋁土占世界儲量60%，鐵鋁氧石占 30%，也是非洲三河（塞內加爾河、尼日河、甘比亞河）的發源地，故水利資源豐富，但國民所得仍屬偏低。

幾內亞（Guinea）

國旗兩道白條象徵和平統一（脫離英國獨立），紅色象徵先烈們的鮮血，黑色是黑種人的本色，綠色象徵農業（咖啡、茶、棉花）和綠色草原（有名的動物大遷移），國旗中央的盾牌及長矛是捍衛國家的獨立與自由。肯亞高地氣候宜人，是白人移民最多的地方。茶、咖啡、旅遊是三大基石，在非洲中是經濟較佳的國家，首都奈洛比又稱「東非倫敦」。

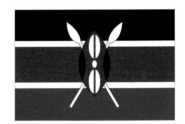

肯亞（Kenya）

國旗有傳統服飾的帽子圖形，象徵繼往開來。白色代表和平與純潔，藍色代表雨水及晴空，綠色代表草木茂盛和肥沃大地。此旗於 2006 年 10 月啟用。

賴索托是南非境內一小內陸國，是一窮國，糧食無法自足，很多人前往南非從事農礦產工作，近年來積極發展加工製造業及手工業。

賴索托（Lesotho）

賴比瑞亞是美國解放的黑奴，重返非洲
建國，所以國旗也是星條旗。紅色與白色是
勇氣與忠誠的象徵，十一條紅白相間的橫線
代表簽署賴比瑞亞獨立宣言的十一位傑出人
士，左上角藍色正方形代表友愛與正義，白
色的五角星則是非洲自由的象徵，也表示賴

賴比瑞亞（Liberia）

比瑞亞是當時非洲唯一的黑人獨立國（因美國支持建國，所以未被歐洲列強
殖民）。賴國也發生長期內戰，糧食依賴進口，鐵礦及橡膠為重要經濟資源。

1951 年 12 月 24 日利比亞自英法託管獨
立，成立王國，採紅、黑、綠三色旗再加上
白色弦月抱星，與回教國雙對比色相同。
1969 年 8 月 31 日強人格達費推翻王朝，採
與埃及和敘利亞共同國旗，後因埃及與以色
列握手言歡，1977 年 11 月 11 日利比亞的國

利比亞（Libya）

旗就在一夜之間變成全綠色。2011 年 8 月 11 日民主浪潮推翻格達費，政權
再度恢復王國國旗。黑白色的星月是回教象徵，紅色為烈士鮮血，綠色代表
繁榮。

三色的意義，白色代表正直，紅色象徵
勇敢，綠色表示希望，三個顏色也代表建國
的口號「自由、愛國、進步」。

馬達加斯加在非洲東南海外，是世界第
四大島，島上有獨特的動植物，人民大多以
農為生，推斷祖先來自東南亞，但也僅止糊

馬達加斯加（Madagascar）

口，香草為最主要作物。過去一直因貧窮而
暴動，經濟不安定，也算不發達的國度。

黑色代表非洲人民。紅色太陽代表自黑暗迎向黎明。紅色是爭取自由的熱血。綠色則代表了物產豐盛，尤其菸草、茶葉、甘蔗占出口大宗。

馬拉威是內陸國，原為法屬，國民所得很低，現積極發展觀光，有國家公園、馬拉威湖、狩獵區、自然保護區。馬拉威人民非常好客，故有「非洲溫暖之心」美名。

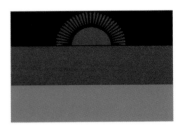

馬拉威（Malawi）

採用非洲三色——紅、黃、綠。綠色為回教色彩，同時代表土地和農業。黃色代表天然資源；紅色則象徵為獨立所流的鮮血。紅綠互換就是幾內亞國旗。

馬利是西非內陸國，以農牧為主，棉花是主要作物，工業及旅遊業不發達，是一貧窮國家，也須靠外來援助。

馬利（Mali）

星星與弦月是回教的象徵，表示本國伊斯蘭教徒的幸福，也代表著繁榮和幸運。綠色代表要將沙漠綠化的決心，綠色也是回教徒的顏色，黃色則象徵回教的光明，黃、綠兩色也是非洲之代表色。

茅利塔尼亞位於西北非，大多數人民仍以游牧為主，農業資源有限，海岸線是漁場，礦業以鐵礦砂為主，人民生活水準低，被列入不發達國家之一。

茅利塔尼亞（Mauritania）

模里西斯用非洲三色再加藍色。紅色為
紀念犧牲的先烈，藍色代表圍繞國家的印度
洋，黃色象徵獨立的光芒，綠色表示大地與
農業，所以四色是愛國、海洋、太陽及農業，
也象徵島上的非洲人、印度人、歐洲人、華
人四種族群同心協力（非洲人當工人、印度
人當農民、華人當商人、白人當大地主）。

模里西斯（Mauritius）

　　模里西斯過去曾受荷蘭、法國、英國殖民，經濟來源是蔗糖、加工出口
之工業，以及自視世外桃源的旅遊業。

　　紅色代表摩洛哥祖先旗幟的色彩，為了
和共產國家及其他的紅旗有所區別，中央加
上了一顆綠色的「蘇利曼之星」。綠色是回
教最尊崇的顏色，代表國泰民安。

　　因地緣關係與南歐往來頻繁，有二萬人
赴西班牙、法國當外勞，又透過駱駝商業經
撒哈拉與西非相連，建立龐大財富與繁榮。

摩洛哥（Morocco）

其經濟主要是磷礦加工業及紡織業，其國土風景優美，常成電影拍片景點。

　　白條表示和平；綠色象徵國土及森林；
紅色代表爭取自由所流的血；黑色代表非洲
人民；黃色五角星代表國際共產主義。

　　鋤頭、長槍、書本代表農民、軍人及知
識分子。莫三比克原為葡萄牙統治，獨立後
成立「莫三比克人民共和國」，推行馬列主
義，經幾次內戰，人民十分貧窮。

莫三比克（Mozambique）

藍色代表大西洋，綠色象徵著豐盛的農業，白色是自由與平等，紅色是爭取獨立的鮮血，黃色太陽象徵其堅忍精神。

納米比亞（Namibia）

其青天黃日與中華民國的青天白日何其相似！

1990年，納米比亞成為非洲最後獨立國，而原屬德國殖民地後改隸南非。擁有豐富礦產，如鑽石、鈾、銅，另有畜牧業，外銷南非及歐盟。此外，沿海有魚類資源，全國有甚多沙漠地帶。

奈及利亞的國旗是在獨立前由留學生阿金昆米設計而成的，兩色三直條等分，表示由三個地區組成。綠色象徵茂盛的森林及豐盛農產品，白色象徵和平。

奈及利亞（Nigeria）

奈及利亞石油居非洲之冠，有「非洲石油巨人」之稱，但各部落常有糾紛，加上軍事政變頻繁，政局長期動盪不安，致教育及醫療體系開倒車，國民所得極低。全國有一億三千萬人，是非洲大國。

橙色表示撒哈拉沙漠；白色象徵尼日河；綠色展示豐饒的土地及雨林，中央橙色的圓形代表太陽。如果將太陽改成法輪，就成印度國旗。

尼日（Niger）

尼日北部地區都是撒哈拉沙漠，終年酷熱，人民生活水準極為低落，醫療及教育貧瘠，主要收入來自鈾礦，是世界第二大生產國，也必須靠外來援助。

採用非洲三色，使用斜線表達非洲覺醒及改變了！綠色象徵自然與和平；黃色象徵豐富的資源；紅色象徵革命的鮮血與人民的愛國。

剛果匹美人（Pygmites）一般身高一‧三五公尺，是世界的小矮人。為與剛果民主共和國區別，國際上以首都置於前稱之「布拉薩剛果」。

剛果（Republic of the Congo）

綠色象徵繁榮的希望及國家資源；黃色代表安居樂業；藍色代表經濟發展。太陽有二十四道光芒，代表國家新希望。

以前的國旗也採用三等分直條的紅、黃、綠非洲三色（如幾內亞），在黃色部分加一「R」表示盧安達（Rwanda）第一個字母（見第二章 ㊟），2001 年改為當今國旗。

盧安達（Rwanda）

盧安達是一農牧國家，人口占全國九成，1994 年曾發生嚴重種族衝突，源自 10% 的圖西族統治 90% 的胡圖族，造成無數之難民。

使用非洲三色加雙星，三角形的紅色象徵獨立和進步；黃色象徵肥沃土地；綠色條紋象徵可可樹栽培地的綠林；兩顆五角星代表聖多美與普林西比兩個大島，也是代表非洲之星。

聖多美普林西比
（Sao Tome and Principe）

聖國是非洲中西側的島國，面積僅九百六十四平方公里，人口十五萬人，可可是最主要作物，此外亦有森林及漁業資源，目前也是世界較貧窮國家，須靠外援幫助。

綠、黃、紅三色的豎條排列圖示，與馬利國旗相同，但中間多一綠星，有著前殖民國法國的色彩，而非洲色彩的選用，中央部分加入象徵非洲自由的綠色星星，綠色是農業，黃色是地下資源，紅色是團結與統一。

塞內加爾在西非最突出位置，磷礦、花生、鮪魚是三大經濟作物，在西非中工業屬於比較發達國家，人民熱衷足球運動。（一般東非長跑強，西非擅長短跑）

塞內加爾（Senegal）

藍色是天空與海洋；黃色是太陽；紅色是奮鬥與團結；白色象徵正義與和諧；綠色表示大地與農林，五種顏色如放射狀的設計，象徵年輕有活力，迎向美好未來，用色之多，僅次南非六色。塞席爾為印度洋西南部的群島國家，總面積四百五十五平方公里，人口八萬人，是非洲最小的國家，是著名的「烏龜王國」，棲息碩大的旱龜。

塞席爾（Seychelles）

綠色是農業和大地，白色代表正義與和平，藍色代表大西洋。

獅子山位於西非，經濟落後，嚴重通貨膨脹，外債居高不下，人民平均壽命不到四十歲，國民所得世界倒數名次，主要礦產有鑽石、鋁、鈦等，因內戰而未充分開發。獅子山之得名，係十五世紀葡萄牙探險家在此地雷雨中聽到巨響，認為獅子在吼叫，故得名。

獅子山（Sierra Leone）

索馬利亞受聯合國協助而建國，採用了象徵世界和平的聯合國藍色作為國旗的底色。中央的五角星是自由與獨立的標誌，也代表五個地區。

索馬利亞位於非洲東部，又稱「非洲之角」，經濟以農牧為主，駱駝及香蕉為主要產物，內亂不斷，生產及設備遭受破壞，成為國際上有名的「海盜國」。

索馬利亞（Somalia）

用紅、白、藍、綠、黃、黑六色，由最早入主南非的荷蘭顏色配上非洲三色及非洲本色──黑色組成。黑色代表黑人；紅色為自由付出的鮮血；綠色是綠色大地；藍色是天空；黃色象徵擁有的資源；白色代表長久的和平；Y 字形代表各民族的團結與和諧。

南非是非洲最發達的國家，以礦立國，製造業也具規模。

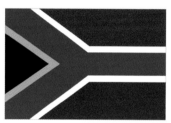

南非（South Africa）

紅色表示革命與犧牲；白色代表和平與光明；黑色象徵非洲黑色人種；綠色則表示篤信的回教，也象徵農產的富足。黑、白、紅、綠之配色，也是阿拉伯國家常用顏色。

非洲第一大國蘇丹是多種族、多語言國家，主要北部阿拉伯人，信回教；南部哈姆族，信奉傳統宗教及基督教，南北對立。南部蘇丹公投獨立，於 2011 年 7 月 14 日另組一新國家。所以非洲第一大國讓給了西北非的阿爾及利亞。

蘇丹（Sudan）

國旗有六個顏色（與南非同為最多顏色國旗），黑色代表南蘇丹之黑人，白色代表和平，紅色是烈士鮮血，青色為尼羅河，綠色代表肥沃農田，黃星就是全民團結，也是基督教伯利恆之星。因種族與信仰、資源、政治和北部「蘇丹」之差異，於 2011 年 7 月 14 日獨立。

南蘇丹（Southern Sudan）

紅褐色橫條是愛國心與熱情；上下的兩道黃邊代表豐富的資源；藍條象徵和平。中間的圖案是一面黑白雙色盾、兩枝矛以及權杖，盾與矛代表堅守國土的決心。國民平均壽命是世界最少的，不到四十歲。

史瓦濟蘭（Swaziland）

史瓦濟蘭是一王國，為南非境內之國中國，面積僅一‧七萬平方公里，農業以蔗糖為主，礦業以石綿鐵、黃金為大宗，也開發野生動物園，招攬遊客。

綠色代表國土與農業，黃色代表礦物資源，黑色代表非洲人本色，在此發現最早的人種，藍色則代表印度洋。

有非洲最高峰吉利馬札羅山（5859 公尺），山頂終年冰雪，並有東非大裂谷經過本區。此處曾出土最早的人類化石（人類起源地說）。坦尚尼亞礦業資源為非洲第四，

坦尚尼亞（Tanzania）

主要是鑽石、鐵，農業有咖啡、茶、棉花、丁香，另有數個國家公園，在冬夏可見有名的動物大遷徙。

上下二條白線代表甘比亞河兩岸的公
路，也象徵純潔、平和，青色是貫穿該國的
甘比亞河；紅色表示太陽；綠色象徵農業。

甘比亞過去是歐洲來此作為奴隸貿易的
據點，主要以農業為生，花生是出口作物，
人民極度貧窮。

甘比亞全境都是平原和小丘陵，是提供
鳥類棲息最佳場所，為賞鳥者之天堂。

甘比亞（Gambia）

多哥國旗採用非洲色彩紅、黃、綠三色，
紅色代表為了爭取獨立而流的鮮血；黃色代
表資源；綠色代表農業和希望；白色星星是
非洲的象徵，代表永恆，而五條橫線則代表
多哥該國有五個省。

多哥位於非洲西部，曾受德、英、法殖
民，人民大多以農業為生，種植可可亞、咖
啡、棉花，礦產的磷酸鹽最有名，工業剛起步，以輕工業為主，人民所得仍
屬偏低。

多哥（Togo）

突尼西亞本是鄂圖曼土耳其的一個行
省，所以國旗設計十分相像，弦月與星星是
回教象徵，表示為伊斯蘭教國家，紅色象徵
犧牲與奮鬥。

突尼西亞以前是腓尼基人所在地，商業
鼎盛，有「世界之都」美名，最後為法國殖
民。礦產以石油及磷酸鹽為主，現已轉型製
造業，其中以紡織成長最快，因鄰地中海，亦發展旅遊業。

突尼西亞（Tunisia）

黑色是黑人本色，黃色是黎明的陽光和希望（多次政變，近漸穩定）；紅色是自由獨立的象徵及同胞愛，冠鶴是國鳥。

烏干達早期在阿敏總統的專制及後來連年征戰，經濟發展遲緩，人民平均壽命低。境內有一有名的維多利亞湖，有漁業及水利資源。三大外匯來源為咖啡、棉花、旅遊。

烏干達（Uganda）

尚比亞國旗以綠色底表示農林立國，右上角有展翅高飛的雄鷹，象徵自由和克服困難的強大力量，雄鷹下端繪有紅、黑、橙三色豎紋圖案。紅色是為爭取獨立自由的艱苦戰鬥；黑色代表尚比亞國民（非洲本色）；橙色表示礦產資源。

尚比亞（Zambia）

尚比亞與辛巴威間有世界第二大瀑布——維多利亞瀑布，吸引很多觀光客；又銅礦蘊藏量占世界15%，有「銅礦之國」之稱，目前國民所得還是偏低。

國旗主要以非洲色彩構成，左邊三角形裡的鳥稱為「辛巴威鳥」，顯示古代辛巴威就有高度文明。白色象徵和平安寧；紅色代表烈士鮮血；黑色代表非洲人民；黃色表示礦產資源；綠色則是大地和農業；紅星是希望與祝福。

辛巴威（Zimbabwe）

以前白人執政，國名叫「羅德西亞」，1980年黑人執政，改名「辛巴威」，並沒收白人財產。通膨嚴重，農業有菸草、咖啡、花生，有南非糧倉之稱，礦業有鉻（世界第一）、石棉、煤、鐵，旅遊業因大瀑布及國家公園而發展很快。有惡性通貨膨脹，已改用南非幣、人民幣及美元。

D 美洲

北美洲

共二十三國，占世界 12%。

面積二千二百四十三萬平方公里，占世界 18%，人口約五億七千萬，占世界 8%。

南美洲

共十二國，占世界 6%。

面積一千七百九十七萬平方公里，占世界 13% 人口約三億七千萬，占世界 6%。

黑色和白色分別象徵國民中，多數的非洲人種和少數的英國人；藍色表示加勒比海和大西洋；紅色 V 字形象徵勝利和希望；黃色的太陽自海上升起，代表國運昌隆。紅、藍、白又像觀光資源——太陽、海洋、沙灘。安地卡是加勒比海的島國，面積四百平方公里，人口不足七萬，以非裔為主，早期生產甘蔗，現以裝配加上製造業為主，每年以舉辦世界性之網球與高爾夫球大賽而聞名，也積極發展境外金融 OBU。

安地卡
（Antigua and Barbuda）

淺藍和白色本是革命軍的軍服顏色，淺藍色象徵自由；白色象徵和平；黃日稱為「五月的太陽」，普天同慶。阿根廷首都是距離臺灣最遠的地方。

阿根廷（Argentina）

　　阿根廷是南美大國，工、農、牧都發達，在第一次世界大戰期間，還貴為世界七大富國，而今失業率偏高，貿易赤字、外債不斷，總統下臺如走馬燈。阿根廷是世界牛肉主要出口國，肥沃的彭巴草原有甚多的穀類收成。

　　上下兩道藍色寬條象徵加勒比海，中間的黃色寬條代表黃金海岸，黑色象徵黑人人種，三角形是人民的團結力量。

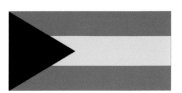

巴哈馬（Bahamas）

　　巴哈馬（當地語是「淺環礁」）是加勒比海富裕島國，面積僅四千平方公里，人口三十萬，旅遊業及金融業是最重要產業，此外也是國際轉運中心，人民享有良好的教育及醫療水準，被評為世界最快樂的國家之一，有加勒比海蘇黎世之稱。

　　藍色代表浩瀚的大西洋和廣闊的加勒比海，金黃色顯示了巴貝多色彩的金色國土，黑色三叉戟圖案表示忠心捍衛國家。

巴貝多（Barbados）

　　巴貝多是東加勒比海島國，人民以非裔為主，經濟控制在少數白人手中，旅遊、製造（水泥、農業加工）、農業（甘蔗）為三大支柱，近期亦發展金融服務業。

國旗的藍底象徵遼闊的藍天和浩瀚的海洋，上下之紅色象徵勝利與國土完整。徽章有伐木工及捕魚郎，代表林業及漁業，中間有國樹——紅木，底部寫著拉丁文的「與森林共榮」，並圍繞著橄欖枝，象徵和平。貝里斯以農業為主，有甘蔗、玉米、可可等，工業不發達，旅遊業有潛力，有世界第二之海底礁堡及馬雅古蹟。

貝里斯（Belize）

國旗的紅、黃、綠三色橫條紋分別代表國家、資源、森林，其中黃色代表礦產，以產銀著稱，紅色代表為獨立運動而流的血，中央國徽的「蒼鷹」是安地斯山特產的國鳥。

玻利維亞雖然脫離西班牙而獨立，但政變頻傳，軍人獨裁，政治動盪，社會不安，曾發生超級通貨膨脹，是南美貧窮之國。同時是世界的礦業出口國，包括錫、銀、鋅。另外，古柯鹼是其重要作物。該國地勢甚高，前往旅遊易得高山症。

玻利維亞（Bolivia）

國旗的綠色象徵亞馬遜熱帶雨林——世界之肺；黃色象徵豐富的礦產，如金礦、鐵礦、寶石；黃色菱形內的藍色圓形代表南半球的天空。圓球中畫有以南十字星為中心的二十七顆星，代表首都與二十六個州，中間並有葡萄牙文：「秩序與進步」的字樣。巴西是世界大國，面積八百五十一萬平方公里，人口世界第五，也是金磚四國之一。里約及聖保羅是南半球兩大都市，有世界最大瀑布及水壩，咖啡產量全球第一，巴西也是很有名的「足球王國」。

巴西（Brazil）

原來加拿大的國旗上有米字旗，因法裔加人反對而改用楓葉。楓樹是加拿大的國樹，享有「楓葉之國」的美稱。左右兩條紅邊分別表示太平洋和大西洋，白色為白雪覆蓋的土地。加拿大的西部太平洋區有落磯山脈，呈現自然美景，不少國家公園坐落於此；東部的大西洋區與五大湖連成一氣，有天然良港，漁業發達。加拿大到處種植楓樹，可以採取樹汁，提煉糖漿。加拿大的面積僅次於俄羅斯。

加拿大（Canada）

智利國旗為美國志願軍查理所設計，有星條旗的味道，藍色是蔚藍的海洋和天空；白色是安地斯山的白雪（印地安語的智利就是白雪）；紅色象徵為爭取獨立的熱血；五角星是進步和統一。

智利是世界最狹長的國家，長達四千二百七十公里，有不同地形及氣候，比起中南美有更好的經濟、教育、醫療。以礦業出名，如硝石、銅、鋰均居世界之首，也是魚料的出口國。有名的復活節島（以神秘巨像聞名）屬於智利管轄。

智利（Chile）

哥倫比亞原本是大哥倫比亞聯邦的邦旗，黃色象徵豐富資源，紅色象徵勇氣，黃、紅兩色代表西班牙母國；藍色代表自由，也象徵連結新舊兩大陸的大西洋。

哥倫比亞在南美洲的西北部，人民所得兩極化，咖啡產量世界第三，也有棉花、香蕉和蔗糖，以及豐富的石油及綠寶石。此外，它也是毒品（海洛因、古柯鹼）的交易中心。

哥倫比亞（Colombia）

五道條紋代表當時哥斯大黎加的五個省。藍色象徵海洋和天空；白色洋溢著和平；紅色則為獨立獻身的志士。

將紅、藍色互換，就成泰國國旗了。徽章上有玉米圖樣，玉米是古印地安文明最重要作物，又稱「玉米文化」，當今仍是拉丁美洲居民主要糧食。此外，咖啡及香蕉也是重要農產。

哥國是拉丁國家福利最佳者，全國廢除軍隊，有「中美瑞士」之稱，近期大力發展旅遊業。

哥斯大黎加（Costa Rica）

古巴國旗是在紐約的古巴人參考美國國旗所設計，也是星條旗。紅色正三角形是自由、平等、博愛的象徵，五角星象徵國家的獨立和自由，五道藍白相間的橫條表示當時有五個州；也象徵海洋國家（如希臘）。

古巴與北韓是當今尚存的共產國家，以棒球、蔗糖、雪茄聞名，近期積極發展旅遊業。古巴是加勒比海最大的島嶼，Cuba 在當地語是「中心地」。

古巴（Cuba）

白色十字象徵多明尼加是基督教國家；藍色是自由及和平；紅色象徵愛國。中心有國徽，內有十字架、聖經、旗中旗，加上月桂及棕櫚。

多明尼加與海地同在一島嶼上，國旗上的徽章代表和平及戰爭。礦業以金、銀、鋁為主，農業以甘蔗、菸草、咖啡、可可為主，近期推出自由貿易特區，為服飾、皮革及電子產品加工，提供更多就業機會。

多明尼加
（Dominican Republic）

　　三色十字表示基督教的「三位一體」，三位一體的黃、黑、白代表印地安人、黑人及白人；底色綠色正是森林與農業，正中是鸚鵡，是多米尼克的國鳥，十顆五稜星代表十個行政區。

　　多米尼克是東加勒比海的一小島國，面積七百五十四平方公里，人口才七萬人，主要產品是香蕉，礦產是「浮石」，工業化不足，積極發展觀光——特異島類及沸騰湖泊。

多米尼克（Dominica）

　　基本上和大哥倫比亞聯邦的邦旗一樣。黃色象徵太陽和物產，藍色象徵海洋與天空，紅色象徵愛國與熱忱，其意義與哥倫比亞國旗同。中央所畫國徽，是世界國旗中最美麗的徽章之一。

厄瓜多（Ecuador）

　　厄瓜多的西班牙語就是赤道，但國土大多是高山區，氣候宜人。是世界香蕉主要出口國，也出產石油，漁業資源豐富，明蝦名聞遐邇。在此有一處聞名的龜島，是世界自然遺產，吸引很多觀光客，當年達爾文在此啟發了優勝劣敗、適者生存的進化論。

　　薩爾瓦多國旗的兩道藍色是前中美洲聯邦旗共有的樣式和顏色，代表太平洋和加勒比海，白色象徵和平與和諧。其上有一徽章，自由之帽高掛山巔，飾帶用西班牙文寫著「上帝、團結、自由」，並有月桂枝環繞。薩爾瓦多有六十座以上的火山，火山活動旺盛，在外海遠遠可見，故有「太平洋燈塔」之稱。因為火山岩最適合種咖啡，咖啡成為該國經濟支柱。

薩爾瓦多（El Salvador）

國旗上有七顆五角星，代表七個地域；綠色象徵土地與農業；紅色象徵勇氣和熱情；黃色象徵陽光與土地。國旗繪上肉蔻種子，格瑞那達之法文就是肉豆蔻，所以有「香料之島」（The Spice Island）美稱，僅次於印尼，居世界第二。

格瑞那達（Grenada）

格瑞那達是東加勒比海一小島國，面積三百四十四平方公里，人民都是黑人後裔，經濟以農業及旅遊業為主。

國旗藍、白、藍色條為前中美洲聯邦的標誌，象徵國土與兩側分別是加勒比海與太平洋。格查爾鳥是瓜國國鳥，稱為「自由之鳥」，一被捕捉即不喝不吃一直到死。徽章上還有槍、劍及月桂樹，代表獨立及和平。

瓜地馬拉（Guatemala）

瓜地馬拉是古馬雅文化中心，該國曾發生長達三十六年的內戰，民不聊生。農產品以咖啡、香蕉、蔗糖為主，現在致力簡單加工裝配出口。長期間存在著貧富懸殊的問題。

蓋亞那由白線滾邊黃色三角形及黑色滾邊紅色三角形組成，代表向前進，綠色象徵農業與森林，白色象徵豐沛的河流，黃色象徵礦產，三角形象徵國民的熱情和活力。蓋亞那在當地話之意是「水之國」。

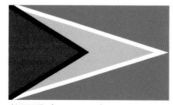

蓋亞那（Guyana）

蓋亞那位於南美洲西北角，鋁礬土、蔗糖、稻米是三大經濟作物，還有森林及水利資源，是重要魚蝦出口國。該國內地有一凱尼圖爾瀑布（Kaieteur Falls），風景怡人。

海地（Haiti）

海地原為法國殖民地，以前被稱「加勒比海明珠」。去掉法國國旗的白色（白人），剩紅、藍兩色，藍色弘揚獨立和自由的精神，紅色代表人民不屈不撓，兩色又代表黑人及印地安人。中央圖案是海地的國徽，內容相當複雜，有槍、炮、彈、旗、鼓等，不表示鼓勵戰爭，而是展現保衛國土的決心。

海地與多明尼加同一島嶼，分列東西兩側，人民大多為非裔，久經獨裁及內戰，政治動盪，人民紛紛外移鄰近國家或美國，是一貧窮之國。人民大多務農，以咖啡、蔗糖、可可為主。

宏都拉斯（Honduras）

國旗的色彩和式樣與原中美洲聯邦國旗相同，藍色為加勒比海和太平洋，白色象徵和平，五顆星代表參與聯邦的五個成員國。

以前宏都拉斯是中美聯邦的中心，從國旗可看出來。十五世紀末，西班牙國王要探險家描述中美大貌，他就拿了一張紙揉捏後，表示就是這個樣子，所謂的中美地峽。宏都拉斯有三分之一面積種植香蕉，出口世界第一，又稱「香蕉共和國」。

牙買加（Jamaica）

牙買加國旗的 X 型十字架稱為「聖安德魯十字架」，金黃色象徵陽光與資源；綠色三角形象徵森林與農業，黑色三角形象徵黑人後裔。

由於印地安人大量死於戰爭及傳染病，勞力缺乏，故自非洲運入大量黑人充當奴隸，所以此地大多是黑人後裔（占 91%）。

牙買加有世界排名第一的藍山咖啡品種，礦業有世界第三的鋁土，還擁有美麗沙灘，吸引很多觀光客。

綠、白、紅三色旗是墨西哥獨立運動中領導人民戰鬥的旗幟，領導人皆是義大利後裔。獨立後以此三色為國旗色彩，這三色代表建國的三大保證：團結、宗教、獨立。中央的圖案是墨西哥國徽，向上有隻老鷹咬一隻蛇站在仙人掌上，是古代阿茲特克建國的故事。

墨西哥（Mexico）

　　墨西哥為西半球最大石油生產國，銀是世界第一，NAFTA（北美自由貿易協定）使工業長足發展。過去多數人視墨西哥為中美洲國家，但因NAFTA漸漸變成「北美國家」。墨西哥的首都也叫墨西哥，人口二千萬人，人口過度集中，致地層逐年下陷，嚐到都市過度開發的惡果。

　　國旗中的藍、白、藍三道橫條是昔日中美洲聯邦的遺留，藍色代表加勒比海和太平洋，白色象徵正義與和平，中央徽章的五火山象徵昔日中美洲聯邦的成員，紅色的「自由之帽」象徵自由光芒，三角形象徵平等，周圍文字則是正式國名。

尼加拉瓜（Nicaragua）

　　以十字線（代表天主教國家）分隔成四塊的設計方式，代表巴拿馬位於南美洲（青塊）、北美洲（紅塊）、大西洋（紅星）、太平洋（青星）四個地域的交界處，最具樞紐地位，此為第一任總統所設計。1914年巴拿馬運河完工，縮短繞道麥哲倫海峽，也促成轉口貿易的鼎盛。四大支柱——運河、金融中心、自由貿易區、船隊。

巴拿馬（Panama）

巴拉圭國旗是世界唯一兩面圖案不同的旗幟，圖案正面是五月之星，反面為國庫印信，國旗為由上而下的紅、白、藍三條橫紋加上徽章所組成，紅、白、藍分別象徵正義、和平和自由。

巴拉圭（Paraguay）

巴拉圭是典型內陸國，巴拉圭與巴西、阿根廷交界處有世界最大的伊瓜蘇瀑布，水力資源豐富，出口以大豆、木材、棉花及牛肉為主。過去該國長期內亂，政變局勢不安，是南美洲最窮的國家。

紅色象徵人民的勇氣和愛國心，白色象徵和平和進步，國徽的駱馬、湧出金幣的羊角袋和奎寧樹，表示祕魯在動、植、礦物均有特產。

祕魯（Peru）

除了奎寧外，馬鈴薯、番茄、可可、菸草等都是古印加文明最早種植，現已成世界常見農作物。祕魯礦產豐富，也是有名的漁業國家，魚粉是最重要出口品。祕魯在十二世紀建立印加帝國，有名的馬丘比丘及神祕巨畫是其代表。

國旗的藍色旗底象徵大西洋和加勒比海，中央的三角形象徵火山島的國土，黃色象徵陽光及黃金海岸，黑色象徵黑色人種，白色象徵白人人種，兩種文化相互協助，為國奮鬥。

聖露西亞（St. Lucia）

事實上，透過長期的通婚，形成一系列混血種族，是東加勒比海的小島國，面積六百平方公里，島上種植香蕉、麵包樹，也發展成衣加工及開拓旅遊業，可享受美麗海灘。

綠色是國土和農業的象徵，黑色象徵國民，黃色反映富足的天然環境；紅色代表獨立。兩顆明亮的白星象徵希望與自由，也代表由兩個島所組成的國家。

聖克里斯多福是 1493 年哥倫比亞第二次航行發現的，1628 年淪為英殖民地，1983 年獨立，面積二百六十七平方公里，人口約四萬人。

聖克里斯多福
（Saintchristopher）

藍色是天空和加勒比海；黃色是國土及陽光；綠色象徵豐盛的農業。中間的三個菱形是三個主要島嶼，稱為「綠色寶石」，排成 V 字形是聖文森 Vincent 第一個字母。

聖文森是東加勒比海一小島國，面積四百平方公里，是世界「葛粉」最大生產國，積極發展觀光業及境外金融中心。

聖文森（Saint Vincent）

綠色象徵國土與資源；白色代表正義與自由；紅色是進步與希望；黃色五稜星象徵歐洲人、非洲人、印度人、印尼人和美洲原住民等五大族群，團結一致，為未來幸福而努力。

蘇利南原名葡屬圭亞那，居民複雜，三成人口為黑人後裔，後來又引進印度勞工占

蘇利南（Suriname）

34% 及印尼勞工占 10%，成為更大族群。該國礦產以鐵礬石最重要，木材以綠心木最有名，捕蝦業是出口大宗。

左上角有五十顆星星，代表美國現在擁有五十個州，每增一州就加一星；紅白相間的橫條有十三條，代表美國最初擁有十三個州；紅色象徵勇氣；藍色象徵堅韌不拔；白色象徵正義。美國國旗又稱「星條旗」，已成世界第一強國。

美國（The United States）

美國是民族大融爐，人口組成是西北歐白人（White）74%、西班牙裔（Hispanic）10%、黑人（Black）12%、亞裔（Asian）3%、印第安人（Indian）1%，清教徒帶來平等與自由觀念，西部拓荒者形成冒險與嘗試精神，這些皆促成美國一股動的活力。

千里達國旗的紅色，象徵太陽及國民的活力，兩道白線代表構成國家的兩個主要島嶼，也象徵種族平等，也代表大西洋及加勒比海；黑色象徵黑人後裔。

千里達（Trinidad）

千里達是一小島國，哥倫布登陸，看到三座山連在一地，就稱「三位一體島」（Trinidad），面積五百平方公里，蘊藏豐富石油及天然氣，農業以糖為主，現致力工業發展如石化及氨肥，也積極發展旅遊業。

烏拉圭國旗採用阿根廷國旗的水藍色和純白色，向阿根廷表示支援獨立的謝意，又分別象徵正義與和平，黃日象徵獨立的「五月的太陽」，也代表印地安人的太陽神，九條橫線代表獨立的九州。

烏拉圭（Uruguay）

烏拉圭社會及政局穩定，故有「南美瑞士」之稱，財富依賴彭巴草原，肉品、羊毛、皮革占出口大宗。

黃、紅兩色是西班牙母國主色，中間隔著藍色大西洋，黃色是資源，紅色是愛國情操，八顆白色五角星象徵支持獨立的八個省。

　　委內瑞拉在其「馬拉開波湖」發現豐富的油田，利用石油獲利。委內瑞拉以「石油、棒球、選美」聞名於世。

委內瑞拉（Venezuela）

E 大洋洲

　　共十四國，占世界 7%。

　　面積八百九十七萬平方公里，占世界 6% 人口，約三千三百萬人，占世界 1%。

右邊的五顆星是南十字星，是南半球國家，左上方使用英國國旗，顯示澳洲是大英國協一員，其下有七道光芒（約旦國旗也是七芒星），表示六個州及一大島。旗底使用藍色，象徵澳洲國土四面環海。在東北海邊有世界第一美的大堡礁，會被其美景震撼。

澳洲（Australia）

澳洲國旗雖沒有動物，但國徽以袋鼠和鴯苗鳥為圖騰。十九世紀曾頒白澳政策，限制非白人移民，近三十年來才廢除。

水藍色的底，代表斐濟地處南太平洋的象徵。左上方英國米字旗表示是大英國協的成員國，右方的盾形紋徽是國徽，內有甘蔗、椰子、香蕉等主要農產品，亦是外匯主要來源。還有鴿子銜著橄欖枝，象徵和平（源自諾亞方舟故事，導因原住民占 45% 與大批印

斐濟（Fiji）

度移民占 50% 嚴重衝突）。國徽內有一紅色十字，是信仰基督教。斐濟是南太平洋發展比較高的國家，主要產業有農業、服務業、林業和漁業。

一輪金光四射的太陽自海浪中緩緩升起，一隻軍艦鳥於上展翅飛翔，吉里巴斯位於國際換日線上，是全世界一天最早開始的國家。三條白色海浪代表吉里巴斯的三個群島。本旗被選為最佳景致獎。

吉里巴斯（Kiribati）

吉里巴斯最接近換日線外，其次為東加、吐瓦魯、斐濟及紐西蘭。

吉里巴斯經濟落後，農業以椰子、香蕉為主要作物，漁業也豐富，礦產的磷酸鹽已漸枯盡。該國聖瓦島曾作核子試爆場所，已成觀光勝地。

國旗以藍色為底色，表示美麗的太平洋；橘、白雙條分別是日落與日出，橘色也象徵茁壯、勇敢，白色則是和平。左上有二十四道光芒，表示有二十四區域，四道長光芒形成十字形，表示是基督教國家。

馬紹爾群島
（Marshall Islands）

馬紹爾是中太平洋島國，面積一百八十平方公里，蘊藏磷酸礦，漁產豐富，農業以椰子為主，積極發展旅遊業。全國距海平面不高，很怕狂風巨浪侵襲。

藍底代表美麗太平洋，四顆白色五角星代表四個地域，也代表南十字星與十字架，顯現該國為基督教國家及南半球國家。曾受西班牙、德國、日本、美國統治。

密克羅尼西亞（Micronesia）

密國是一小島國，面積七百平方公里，出產硫礦、椰子、鮪魚，相當缺水，四面皆海，是旅遊潛水好去處。

貫穿國旗的黃線代表赤道，表示位於赤道正南方，下方的白色十二角星代表十二個部落，藍色底色表示諾魯位於南太平洋。

諾魯（Nauru）

諾魯為世界最小島國，面積僅二十一平方公里，全國繞境一周只要二十分鐘，是世界第二小國（僅次梵蒂岡），主要出產是磷酸鹽，但已漸耗竭。漁業尚稱豐富，食物及飲水都靠進口，現努力發展為境外金融中心。

紐西蘭國旗使用藍色為背景，右方的南十字星顯示出位於南太平洋，左上方的英國米字旗標誌代表該國是大英國協的一員。紐西蘭的基督城具濃厚英國風味，自詡「比英國更英國化」。

紐西蘭（New Zealand）

與澳洲極為相近，澳洲的十字星是白色，紐西蘭是紅色，而澳洲多出一顆，係角度關係。地形多變，景致優美，為活的地理教材。1947 年紐西蘭通過「威斯敏斯特條約」，自治領地完全獨立，只是名義上奉英國國王為元首。紐西蘭畜牧業極為發達。

帛琉國旗包括黃、藍兩色（很醒目的對比色），藍色代表浩瀚海洋，黃色圓形代表皎潔滿月，意味著帛琉四周為海洋及月亮對人類及萬物深具影響。

帛琉（Palau）

帛琉是一小島國，面積四百五十八平方公里，人口二萬人，主要產品有鮪魚、椰乾、成衣、手工藝品，並積極發展旅遊業。

巴布亞新幾內亞國旗以對角線劃分紅、黑兩三角形，紅色象徵人民的活力，黑色象徵人民的人種，黃色象徵物產。天堂鳥又叫極樂鳥，羽毛色彩鮮豔，是巴布亞新幾內亞的國鳥，也是幸福及親善的象徵。南十字星是南太平洋國家的標誌（黑白及紅黃配色十分醒目）。

巴布亞新幾內亞
（Papua New Guinea）

巴布亞新幾內亞與印尼新幾內亞同一島嶼，分列左右（與海地、多明尼加同一島嶼分列左右相同），該國主要產品有金、銅、石油、原木、棕櫚油、椰子油等，全區都屬於熱帶雨林。

左上角是南十字星，代表南太平洋國家，紅色代表勇氣，藍色是海洋和天空，又是崇尚自由的標誌。其國旗與中華民國國旗在飄揚時，極為相似，是世界最晚看到太陽的國度。

　　薩摩亞原由紐西蘭託管，1962 年獨立，主要產品是椰油、可可、鮪魚，工業基礎薄弱。

薩摩亞（Samoa）

　　藍色代表藍天和碧海，黃色代表太陽光輝，綠色代表大地和森林，五顆白色五角星表示國家的五個群島，也表示是南十字星。

　　索羅門群島位於太平洋西南部，礦產是鋁土及磷酸鹽，森林多，林業是重要產業，經濟作物有可可、椰子、棕櫚油，也是漁業資源豐富國家，特別是鮪魚。

索羅門群島
（Solomon Islands）

　　國旗左上角的白地紅十字表示是基督教國家，國旗的紅色是耶穌殉道時的鮮血（與瑞士國旗紅色意義相同）；白色代表信仰的虔誠和純潔。

　　東加位於南太平洋西部，是一小島王國，面積八百平方公里，人口十萬人，位換日線西側，是最早迎接太陽之國。該國漁業及林業資源豐富，經濟作物以南瓜最有名，也有工業區，尚屬小型工業。

東加（Tonga）

國旗用水藍色為底，是南太平洋的象徵。右方排列著九顆金黃色的五角星，代表是由九個珊瑚礁小島所構成（最高點海平面 5 公尺，因溫室效應，國土嚴重侵蝕，估計二十一世紀中期國土大部分淹沒海中），星星的排列也顯示島的羅列圖形。左上方使用英國米字旗，表示是英國國協會員。

吐瓦魯（Tuvalu）

　　吐瓦魯位於中太平洋，面積僅 26 平方公里，人口一萬人，土壤貧瘠，工業不發達，雖擁有特色海域，但因偏遠，國土太小，也難發展觀光業。

　　黑色代表島上居民美拉尼西亞的黑色人種；紅色象徵鮮血及火山，綠色是豐饒森林，黃色是陽光，Y 字形表示群島之排列。左側有豬牙（代表財富）及銀蕨（代表和平）的圖形，曾選為世界最快樂的國家。

萬那杜（Vanuatu）

　　萬那杜位於西太平洋西南部，出產椰乾、椰油、可可、牛肉，也成境外金融中心，並發展旅遊業。

美夢成真！人生無憾！

　　我一生的心願是「暢遊天下名山大川，廣交天下英雄豪傑，博覽天下奇文雋語，翰書天下悲歡離合」。其中第一項就是走訪世界各地，走出臺灣，尚有 196 國，要玩遍天下，要有錢，有閒，有健康，有意願，還要家中老小平安，否則人在外仍牽腸掛肚。

　　如果有遊遍世界的想法，就要及早規劃，分攤在若干年進行，特別在時間及體力還有發球權時，依國人旅遊習性，詢問旅行社之開團路線、收費，使用經濟艙機票、四星級飯店、參訪代表景點，約臺幣五百萬元左右即可達成這個夢想。活得精彩～ Zest For Life ～。

進程	旅遊區	費用
初級	東北亞	10萬
	東南亞	15萬
	美加西岸	5萬
中級	美加東岸	12萬
	中國大江南北	27萬
	紐澳	20萬
	西歐、南歐	20萬
	北印度	10萬
	東歐	30萬
	北歐	20萬
	中亞、南亞	25萬
	中東	25萬
	北非	13萬
	東、南非洲	30萬
高級	南太平洋島嶼	30萬
	中南美洲	40萬
	加勒比海	25萬
	南北極	50萬
	中、西非洲	50萬

博雅文庫 162

小國旗大學問

作　　者　莊銘國
發 行 人　楊榮川
總 編 輯　王翠華
主　　編　侯家嵐
責任編輯　侯家嵐
文字校對　鐘秀雲
封面設計　陳翰陞
內文排版　theBand・變設計 — Ada
出 版 者　五南圖書出版股份有限公司
地　　址　106 台北市大安區和平東路二段 339 號 4 樓
電　　話　（02）2705-5066
傳　　真　（02）2706-6100
劃撥帳號　01068953
戶　　名　五南圖書出版股份有限公司
網　　址　http:// wunan @wunan.com.tw
電子郵件　wunan@wunan.com.tw
法律顧問　林勝安律師事務所 林勝安律師
出版日期　2006 年 5 月初版一刷
　　　　　2011 年 2 月二版一刷
　　　　　2013 年 3 月三版一刷
　　　　　2016 年 5 月四版一刷
定　　價　新臺幣 420 元

國家圖書館出版品預行編目 (CIP) 資料

小國旗大學問 / 莊銘國著 .
　-- 四版 . -- 臺北市：五南，2016.05
　　面；　公分
　ISBN 978-957-11-8575-0(平裝)
　1. 國旗
571.182　　　　　　　　　　　　105004871